Korea Bebras Challenge 2019

함께 즐기는 컴퓨팅 사고와 정보과학

비버챌린지

- 2019년도 기출문제집 -

초등학생용

주최 한국정보과학교육연합회(Korea Information Science Education Federation)
주관 한국비버챌린지(Bebras Korea)
후원 한국정보과학회, 한국컴퓨터교육학회, 한국정보교육학회, (주)넥슨, 아주대SW중심대학사업단, (주)생능출판사

집필진

김도용(인천석정초등학교)
김동윤(아주대학교)
김슬기(선부초등학교)
문광식(세종과학예술영재학교)
박희진(한양대학교)
예홍진(아주대학교)
전현석(경기과학고등학교)
정상수(세종고등학교)
정웅열(백신중학교)
최웅선(수원하이텍고등학교)

비버챌린지 2019년도 기출문제집(초등학생용)

초판인쇄 2019년 11월 27일
초판발행 2019년 12월 4일

지은이 한국비버챌린지(Bebras Korea)
펴낸이 김승기
펴낸곳 (주)생능출판사 / **주소** 경기도 파주시 광인사길 143
출판사 등록일 2005년 1월 21일 / **신고번호** 제406-2005-000002호
대표전화 (031)955-0761 / **팩스** (031)955-0768
홈페이지 www.booksr.co.kr

책임편집 유제훈 / **편집** 신성민, 김민보, 권소정 / **디자인** 유준범(표지디자인), 디자인86(본문디자인)
마케팅 최복락, 김민수, 심수경, 차종필, 백수정, 최태웅, 명하나, 김범용
인쇄/제본 영신사

ISBN 978-89-7050-993-8
정가 10,000원

- 이 도서의 국립중앙도서관 출판예정도서목록(CIP)은 서지정보유통지원시스템 홈페이지(http://seoji.nl.go.kr)와 국가자료공동목록시스템(http://www.nl.go.kr/kolisnet)에서 이용하실 수 있습니다.
 (CIP제어번호: CIP2019047489)
- 이 책의 저작권은 (주)생능출판사와 지은이에게 있습니다. 무단 복제 및 전재를 금합니다.
- 잘못된 책은 구입한 서점에서 교환해 드립니다.

# 비버챌린지(Bebras Challenge)란?

비버챌린지는 세계 최고의 정보과학 & 컴퓨팅 사고력 축제입니다.

- 비버챌린지는 정보과학과 컴퓨팅 사고력을 위한 평가 모델이자 교육 혁신입니다.
- 비버챌린지의 문제는 전 세계 70여개 국가가 공동 개발하며, 특별한 사전 지식이 없어도 누구나 도전할 수 있습니다.
- 비버챌린지는 컴퓨터 기반 테스트(CBT)로 국제적인 도전에 참여할 수 있는 환경을 제공합니다.

비버챌린지 참가 대상과 문제의 특징

그룹 I	초등학교 1~2학년	8문항	30분
그룹 II	초등학교 3~4학년	10문항	35분
그룹 III	초등학교 5~6학년		
그룹 IV	중학교 1학년	12문항	40분
그룹 V	중학교 2~3학년		
그룹 VI	고등학교 1~3학년	15문항	45분

ALP 알고리즘과 프로그래밍 **DSR** 자료, 자료구조와 표현 **CPH** 컴퓨터 처리와 하드웨어 **COM** 통신과 네트워킹 **ISS** 상호작용, 시스템과 사회

- 모든 문제는 컴퓨팅 사고를 통해 해결 가능한 흥미롭고 재미있는 상황을 담고 있습니다.
- 모든 문제는 한 페이지를 넘지 않고, 3분 이내에 해결할 수 있습니다.

비버챌린지는 순위를 매기지 않습니다.

비버챌린지는 컴퓨팅 사고를 즐기며 도전하는데 의의를 둡니다.
따라서 개인 석차나 백분율은 제공하지 않습니다. 또한 참가 학생들의 개인 정보를 제외한 응시 결과는 정보(SW)교육 발전을 위한 연구에 활용합니다.

한국비버챌린지(Bebras Korea)란?

한국비버챌린지는 세계 최고의 정보과학 & 컴퓨팅 사고력 축제입니다.

- 한국비버챌린지는 우리나라 정보(소프트웨어)교육을 위해 봉사하는 현직 교사·교수들로 조직된 비영리 단체입니다.
- 한국비버챌린지는 비버챌린지 문제 개발 및 챌린지 운영, 정보(SW) 교육 연구, 교재 집필, 교사 연수 및 학생 캠프 강의 등의 역할을 수행하고 있습니다.
- 한국비버챌린지(http://bebras.kr)는 국제비버챌린지(http://bebras.org)의 공식 회원국이 된 대한민국을 대표하여 다양한 국제 협력 활동에 적극 참여하고 있습니다.

조직도

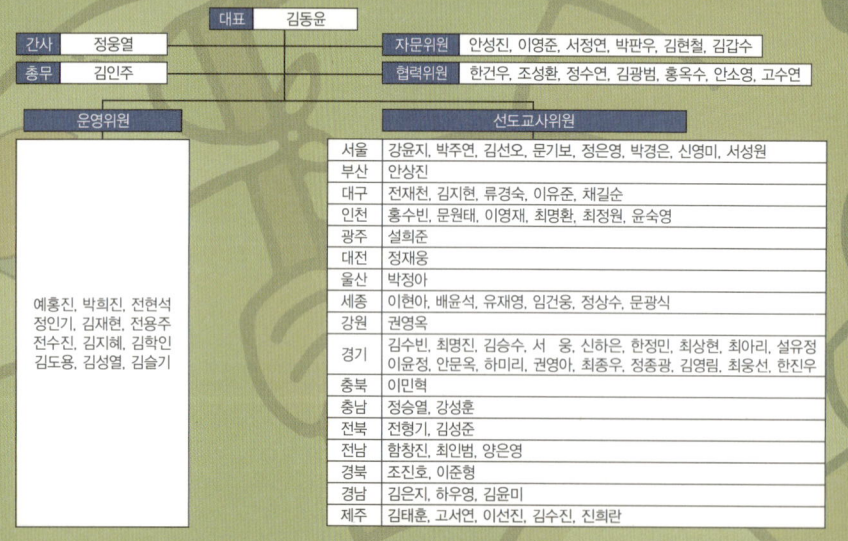

비버챌린지 참가국

- 비버챌린지에 공식적으로 참여하는 국가는 모두 63개국이며, 참여를 준비하는 후보 국가가 6개국입니다.
- 우리나라는 2017년 한국비버챌린지(Bebras Korea)를 통해 공식 회원국으로 처음 참여하였으며, 참가학생 수는 2017년 8,771명, 2018년 32,995명, 2019년 44,332명으로 매년 크게 늘어나고 있습니다.

비버챌린지 로고

- 비버챌린지에 참여하는 국가는 각 나라마다 고유의 비버 로고를 가지고 있습니다.
- 우리나라의 비버 로고는 김지혜 선생님(충북고, 정보 교사)께서 재능기부를 통해 디자인 하였습니다.

비버챌린지 2020에 도전하세요!

[1단계] 신청하기
2020.09.01(화) ~ 10. 16(금)

- 비버챌린지에 도전하기 위해서는 회원가입과 신청과정이 필요합니다.
- 현직 초·중·고 교사만 신청 가능합니다.

> 홈페이지(https://www.bebras.kr) 회원가입
> 참가신청 ▶ 결제하기 ▶ 응시코드 다운로드

[2단계] 체험하기
2020.10.19(월) ~ 1년간

- 기출문제를 체험하면서 비버챌린지 문항 및 응시 방식에 적응할 수 있습니다.
- 예시문항은 누구나 상시 체험 가능하며, 참가 학생들은 모든 기출문제를 1년간 체험할 수 있습니다.

> 홈페이지(https://www.bebras.kr) 접속 ▶ 참여하기 ▶ 체험하기

[3단계] 도전하기
2020.10.26(월) ~ 11.20(금)

- 전 세계 학생들과 함께 2020년 새로 개발된 비버챌린지 문제 해결에 도전해 보세요.
- 성적에 관계없이 모든 학생들에게 이수증을 발급합니다.

> 홈페이지(https://www.bebras.kr) 접속 ▶ 도전하기
> ▶ 결과보기와 이수증 발급

《제16회 국제비버챌린지워크숍, 2020.05.18~05.21》이 대전컨벤션센터에서 개최됩니다. 본 워크숍에는 비버챌린지 창시자인 발렌티나 교수(리투아니아) 등 전 세계 70여 국가에서 비버챌린지를 운영하는 정보 교육자들이 참석하여, 비버챌린지 문항을 개발하고, 컴퓨팅 사고력 함양을 위한 정보(SW) 교육 발전 방안을 논의할 예정입니다. 국제비버챌린지워크숍은 매년 1회 개최되며, 지금까지 15회 동안 유럽 국가(리투아니아, 독일, 폴란드, 오스트리아, 이탈리아, 키프로스, 헝가리 등)에서만 개최되었습니다. 사상 최초로 우리나라, 아시아, 비유럽국가에서 개최되는 국제비버챌린지워크숍에 많은 관심과 성원 바랍니다.

/차/례/

비버챌린지란? ··· 3

그룹 Ⅰ: 초등학교 1~2학년용 ·· 7

그룹 Ⅱ: 초등학교 3~4학년용 ··· 17

그룹 Ⅲ: 초등학교 5~6학년용 ·· 27

정답 ··· 39
   그룹 Ⅰ 정답 ··· 41
   그룹 Ⅱ 정답 ··· 54
   그룹 Ⅲ 정답 ··· 71

비버챌린지 2019
그룹 Ⅰ (초등학교 1~2학년용)

01 워터파크 입장
02 잔디밭 청소
03 FIFO 양말
04 스크래치 아트 종이
05 사탕 가게
06 집으로 오는 길
07 숲속의 토끼
08 비버코인*

* 이 문제는 그룹 Ⅱ에서도 출제되었습니다. p.19를 참고하세요.

01 워터파크 입장

▶▶▶▶▶ 2019-CH-18 Bath at the Lido

스위스(Switzerland)

문제의 배경

여름 날씨가 점점 더 더워진다!

안젤라(Angela)는 동생 프레드(Fred)를 데리고 근처 워터파크에 놀러 갔다.

안젤라의 나이는 12살이고, 프레드는 6살이다.

워터파크 입구에 도착하니 다음과 같은 말이 쓰여 있었다.

"8살보다 어리다면, 11살보다 나이가 많은 보호자와 함께 해야만 입장 가능."

문제/도전

워터파크에 입장할 수 있는 사람은?

A) 프레드는 안젤라와 함께 워터파크에 입장할 수 있다.

B) 안젤라는 입장할 수 있고, 프레드는 안젤라와 함께라도 입장할 수 없다.

C) 프레드는 입장할 수 있고, 안젤라는 프레드와 함께라도 입장할 수 없다.

D) 안젤라는 입장할 수 없고, 프레드도 입장할 수 없다.

02 잔디밭 청소

 독일(Germany)

▶▶▶▶▶ 2019-DE-04 Cleaning

문제의 배경

음악 콘서트가 끝나고 사람들이 잔디밭에 남기고 간 쓰레기들을 청소 로봇이 줍고 있다.

청소 로봇은 가장 가까이에 있는 쓰레기로 이동해서 쓰레기를 줍는다.

그리고 다시 그 자리에서 가장 가까이에 있는 쓰레기로 이동해서 쓰레기를 줍는다.

로봇은 모든 쓰레기를 다 주울 때까지 같은 작업을 계속한다.

문제/도전

로봇이 마지막에 줍는 쓰레기는 어떤 것일까?

A)    B)    C)    D)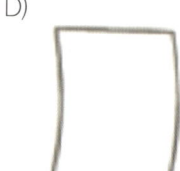

03 FIFO 양말

2019-IN-18 Fifo socks

인도(India)

문제의 배경

아닐(Anil)은 외출할 때마다 다른 색 양말을 신는 것을 좋아한다.

아닐은 다음과 같은 방법으로 매일 다른 양말을 신는다.

- 양말들은 매일 빨래를 하고, 빨래를 마친 양말은 양말 줄의 가장 왼쪽에 놓는다.

- 양말을 신을 때에는, 양말 줄의 가장 오른쪽에 있는 것부터 신는다.

수요일 아침에 양말을 신기 전에 양말 줄은 아래 그림과 같았다.

아닐은 이번 주 일요일, 다음 주 화요일, 다음 주 목요일에는 외출을 하지 않는다.

문제/도전

다음 주 토요일에 외출할 때 신을 양말은 어떤 양말일까?

A)    B)    C)    D)

04 스크래치 아트 종이

대한민국(South Korea)

▶▶▶▶▶ 2019-KR-01 Scratch Art Paper

문제의 배경

끝이 뾰족한 물건으로 스크래치 아트 종이 위를 긁으면 예쁜 그림을 그릴 수 있다.

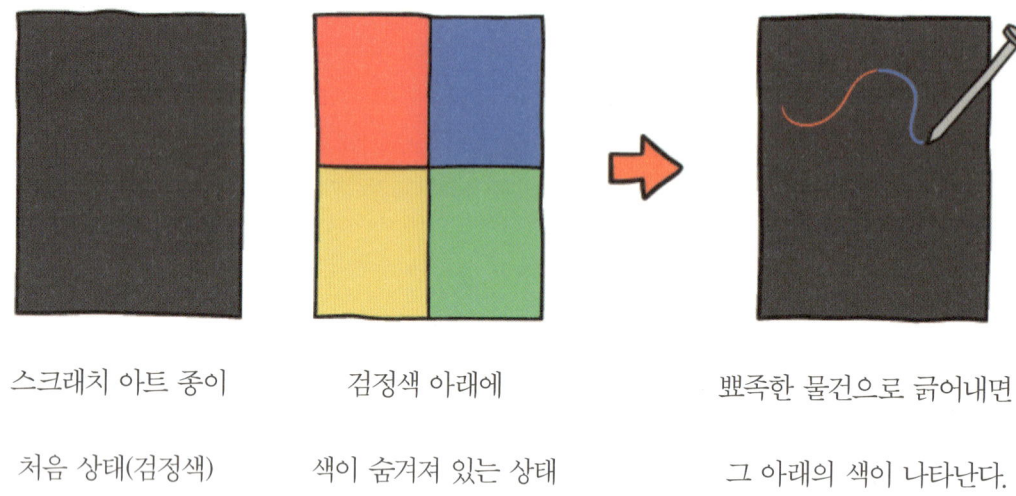

스크래치 아트 종이

처음 상태(검정색)

검정색 아래에

색이 숨겨져 있는 상태

뾰족한 물건으로 긁어내면

그 아래의 색이 나타난다.

문제/도전

위와 같은 스크래치 아트 종이를 아래와 같이 긁었을 때, 3가지 색만 보이는 것은?

05 사탕 가게

▶▶▶▶▶ 2019-PK-01 Candy Shop

문제의 배경

비버 알렉스(Alex), 밥(Bob), 클로이(Chloe), 데보라(Deborah)가 사탕 가게 앞에서 줄을 서 있다. 비버들은 사탕을 1개씩 받아갈 것이다. 사탕 가게에는 종류별로 사탕이 1개씩만 남아있고, 사탕 가게 비버 아저씨는 바로 앞에 있는 비버에게 남아있는 사탕 중에서 가장 비버와 가까이 있는 사탕을 1개 준다.

아래의 상황에서, 첫 번째 초록색(🟩) 사탕은 알렉스가 가져갈 것이다.

문제/도전

빨간색( ) 사탕은 누가 가져갈까?

A) 알렉스(Alex) B) 밥(Bob) C) 클로이(Chloe) D) 데보라(Deborah)

06 집으로 오는 길

▶▶▶▶▶ 2019-SK-02 Way home

슬로바키아(Slovakia)

문제의 배경

조지(George)는 매일 차를 타고 학교에서 집으로 온다.

오른쪽 그림은 어제 학교에서 집으로 온 길이다.

한 칸을 이동할 때마다 1분이 걸리고, 빨간 점이 그려져 있는 교차로를 지나갈 때마다 1분씩 더 걸린다.

그렇기 때문에 어제는 집까지 12분이 걸렸다.

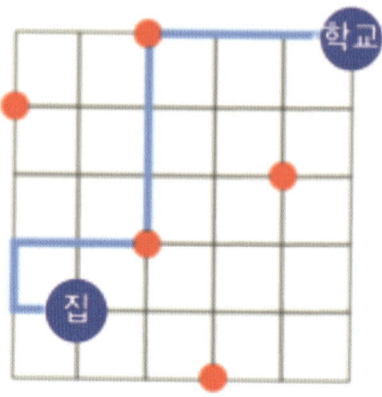

문제/도전

오늘은 집에 최대한 빨리 가야 한다. 다음 중 가장 빨리 집에 갈 수 있는 방법은?

A) 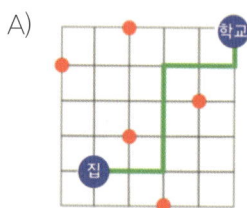   B) 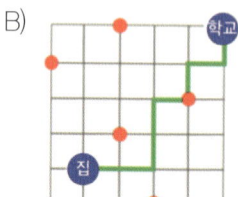   C) 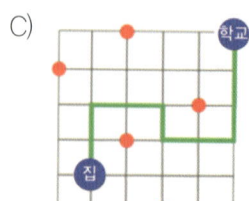   D)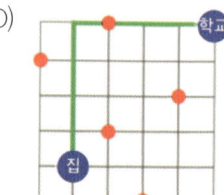

07 숲속의 토끼

▶▶▶▶▶ 2019-US-05 Rabbit in the Forest

미국(USA)

문제의 배경

어떤 토끼 한 마리가 숲을 돌아다니고 있다.

토끼 그림 위치에서 출발해서 아래와 같은 글씨에 따라 한 칸씩 움직인다.

WNENES

글씨에 의한 이동 방향은 그림의 오른쪽에 그려져 있다.

문제/도전

토끼가 글씨에 따라 움직였을 때, 도착한 마지막 위치를 클릭(✔)해보자.

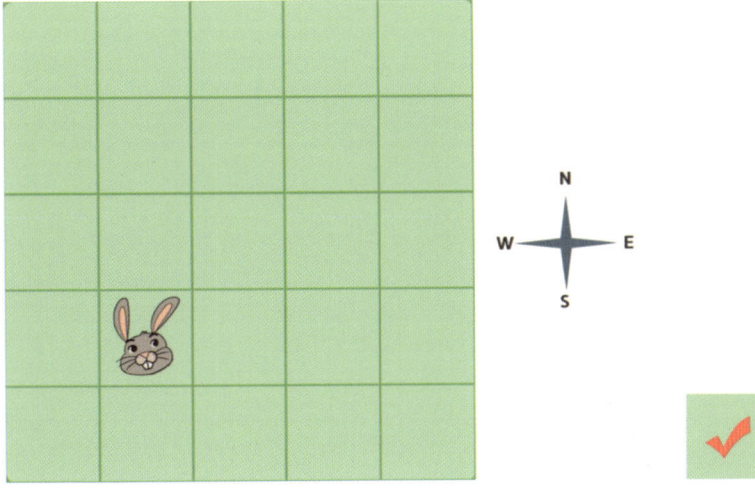

비버챌린지 2019
그룹 II (초등학교 3~4학년용)

01 비버코인
02 구름 통신
03 나의 동물들
04 생일 케이크
05 눈사람 모자
06 구슬 이동
07 우주여행
08 어떤 탑?
09 스크래치 아트 종이*
10 분류기**

* 이 문제는 그룹 I 에서도 출제되었습니다. p.12를 참고하세요.
** 이 문제는 그룹 III에서도 출제되었습니다. p.35를 참고하세요.

01 비버코인

▶▶▶▶▶ 2019-CH-03b Beavercoins

스위스(Switzerland)

문제의 배경

비버랜드(Beaverland)에서 사용되는 돈을 비버코인(Beavercoin)이라고 부른다.

비버코인들의 모양과 금액은 다음과 같다.

모양					
금액	16	8	4	2	1

문제/도전

비버들은 동전을 많이 가지고 다니는 것을 좋아하지 않기 때문에, 동전을 가능한 한 적은 개수로 내야 하는 규칙을 정했다.

위의 규칙에 따라 13 비버코인만큼 내려면 어떻게 해야 할까? (동전 모양을 드래그해서 원하는 개수만큼 아래 위치에 끌어다 넣는다.)

모양					
금액	16	8	4	2	1

동전	금액

02 구름 통신

스위스(Switzerland)

▶▶▶▶▶ 2019-CH-11c Cloud Communication

 문제의 배경

산꼭대기에 있는 기상캐스터 비버는 계곡 아래에 있는 비버들에게 메시지를 보낸다.

비버는 다음과 같은 의미를 전달하기 위해서 연기를 이용하여 크고 작은 구름들을 만든다.

천둥번개	비	흐림	맑음
(큰 구름 5개)	(큰-작은 교차)	(작은-큰 교차)	(작은 구름들+큰 구름)

어느 날 계곡 아래에 있는 비버들은 다음과 같은 구름 메시지를 받았다.

 문제/도전

기상캐스터 비버가 보내려고 했던 원래 메시지일 가능성이 있는 것을 모두 고르면?

A) 천둥번개   B) 비   C) 흐림   D) 맑음

03 나의 동물들

▶▶▶▶▶ 2019-ID-02 MyAnimals

문제의 배경

코코(Koko)는 동물들을 좋아해서 집에 동물들이 많다.

코코는 아래 그림처럼 6개의 A, B, C, D, E, F 동물 집이 있는데, 어떤 동물을 괴롭히는 다른 동물이 그 동물 옆에 있으면 안 된다.

코코는 어떤 동물이 어떤 동물을 괴롭히는지 그림을 그렸다.

문제/도전

동물들을 집에 넣는 좋은 방법이 아닌 것은?

A) 　B) 　C) 　D)

04 생일 케이크

▶▶▶▶▶ 2019-IN-12 Birthday Cake

문제의 배경

네하(Neha)의 생일을 축하하기 위해 케이크를 사러 갔다. 네하는 다음과 같은 케이크를 원했다.

- 사각형 모양으로, 구석에 딸기( )가 3개씩 있고,
- Happy Birthday 글자의 왼쪽과 오른쪽 모두, 오렌지( )가 4개보다 적으면서,
- Happy Birthday 글자의 위와 아래에 모두, 바나나( )가 2쌍씩 있는 케이크

문제/도전

다음 중 네하가 가장 원하는 생일 케이크는?

A)    B)    C)

D)    E)

05 눈사람 모자

▶▶▶▶▶ 2019-LT-07 Snowmen's hats

문제의 배경

왼쪽에는 5개의 눈사람 모자가 아래에서 위로 쌓여 있고, 오른쪽에는 5명의 눈사람이 한 줄로 서 있다.

눈사람들은 줄을 선 왼쪽부터 순서대로 한 명씩, 쌓여 있는 모자 중에서 가장 위의 것을 가져간다.

눈사람들은 자기 머리에 꼭 맞는 모자만 써야 한다.

문제/도전

눈사람들이 자기 머리에 꼭 맞는 모자를 쓸 수 있도록, 모자와 눈사람들을 연결시켜보자.

(마우스 클릭으로 왼쪽에 쌓여 있는 모자와 오른쪽에 줄을 선 눈사람을 연결한다.)

06 구슬 이동

말레이시아(Malaysia)

▶▶▶▶▶ 2019-MY-02 Digital Number

문제의 배경

다음과 같이 A, B, C 기둥에 구슬들이 끼워져 있다.

각 기둥의 가장 꼭대기에 있는 구슬만 한 번에 하나씩 꺼내 다른 기둥으로 옮길 수 있다.

문제/도전

위와 같은 상태에서 아래 그림처럼 만들려면 구슬들을 최소 몇 번 옮겨야 할까?

A) 4번　　　　B) 5번　　　　C) 6번　　　　D) 7번　　　　E) 8번

07 우주여행

슬로베니아(Slovenia)

▶▶▶▶▶ 2019-SI-03 Space Traveling

문제의 배경

우주비행사들은 아래 그림과 같이, 로켓(🚀)과 우주선(🛸)을 이용해 태양계에 있는 행성들 사이를 여행할 수 있다.

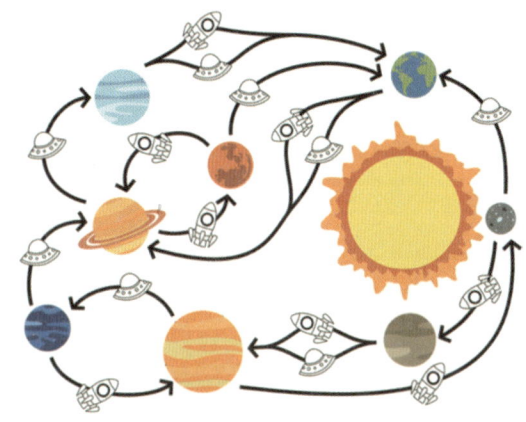

예를 들어, 금성( )에 있는 어떤 우주비행사가 토성( )으로 여행을 한다면, 먼저 로켓을 타고 목성( )으로 간 다음에 우주선을 타고 해왕성( )으로 이동하고, 마지막에는 우주선을 이용해 목적지인 토성( )으로 갈 수 있다. 그리고 그 과정을 아래와 같이 간단하게 표현할 수 있다.

해왕성( )에 불시착한 우주비행사 틴(Tine)은 지구( )에 있는 집으로 돌아가기를 원하고 있다. 지구에 있는 항공 우주국에서는 틴이 집으로 돌아올 수 있는 방법을 전송해주었다.

문제/도전

다음 중 우주비행사 틴이 지구로 돌아올 수 있는 방법이 아닌 것은?

A) 　　B) 　　C) 　　D)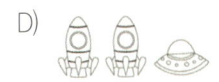

08 어떤 탑?

슬로바키아(Slovakia)

▶▶▶▶▶ 2019-SK-03 Which tower?

문제의 배경

엘라(Ela)와 버논(Vernon)은 오른쪽과 같은 규칙에 따라 나무 블록들을 쌓아 탑을 만드는 게임을 하고 있다.

오른쪽에 있는 규칙의 의미는 다음과 같다.

- 어떤 블록 위에는 그 블록에서 화살표 방향으로 연결된 블록들만 쌓아 올릴 수 있다. 예를 들어, 파란색 사각( )블록에서 나간 화살표가 빨간색 피라미드(▲)블록으로 연결되었기 때문에, 사각 블록 위에 피라미드 블록을 올릴 수 있다.

- 또한, 자기 자신으로 화살표가 그려져 있는 경우, 같은 블록을 계속해서 쌓을 수 있다.

- 엘라와 버논은 마음에 드는 아무 블록을 하나 선택해서 시작할 수 있고, 언제든 블록 쌓기를 끝낼 수 있다.

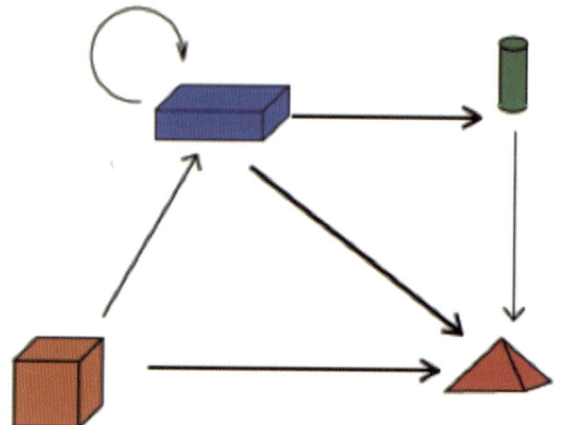

문제/도전

다음 중 규칙에 따라 만들 수 있는 탑은?

A) 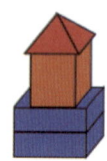 B)  C)  D)

비버챌린지 2019
그룹 III (초등학교 5~6학년용)

01 케이크와 이웃들
02 비버 도장
03 중립 주차
04 랑골리 디자인
05 습지 개미
06 디지털 숫자
07 분류기
08 아픈 비버들
09 그리기 로봇
10 구슬 상자

01 케이크와 이웃들

▶▶▶▶▶ 2019-BE-05 Cakes and Neighbours

문제의 배경

금요일 아침, 서로 이웃인 안나(Anna), 베티(Betty), 클라라(Clara)는 토요일에 있을 파티를 위해 같은 빵집에서 같은 종류의 3cm 높이 케이크를 따로 따로 주문했다.

하지만, 3명의 이웃들은 금요일 오후에 각자 빵집에 다시 전화를 걸어 주문을 바꾸었다. 빵집에서는 주문을 바꿀 때마다 그 이전에 주문했던 내용은 지워버린다. 케이크들은 토요일 아침 일찍 만들어질 것이다.

아래는 전화가 걸려와 주문을 바꾼 내용이다.

- 안나 첫 번째 주문 변경 전화 : 지난번에 주문했던 것보다 1cm 더 높게 만들어주세요.
- 안나 두 번째 주문 변경 전화 : 케이크 높이를 베티가 주문한 것과 똑같게 만들어주세요.
- 베티 첫 번째 주문 변경 전화 : 지난번에 주문했던 것보다 2cm 더 높게 만들어주세요.
- 베티 두 번째 주문 변경 전화 : 케이크 높이를 아까 주문했던 것보다 1cm 더 낮게 만들어주세요.
- 클라라 첫 번째 주문 변경 전화 : 안나가 주문한 것보다 1cm 더 높게 만들어주세요.
- 클라라 두 번째 주문 변경 전화 : 케이크 높이를 1cm 더 높게 만들어주세요.

단, 누구로부터 어떤 순서로 전화가 왔는지는 모르지만, 첫 번째 주문 변경 전화 다음에 두 번째 주문 변경 전화가 온 것은 확실하다.

문제/도전

다음 중 토요일 아침 만들어지는 케이크에 대한 내용으로 맞는 것은?

A) 안나와 베티의 케이크 높이는 서로 같다.
B) 베티의 케이크는 클라라의 케이크보다 적어도 1cm 이상 높이가 낮다.
C) 클라라의 케이크는 안나의 케이크보다 정확히 2cm만큼 높이가 높다.
D) 모든 케이크들의 높이는 4cm 이상이다.

02 비버 도장

▶▶▶▶▶ 2019-CH-13d Stamps

스위스(Switzerland)

 문제의 배경

비버 폴(Paul)은 4개의 비버 도장을 가지고 있는데 아래와 같은 A, B, C, D 도장을 사용해서 ①, ②와 같은 모양을 만들었다.

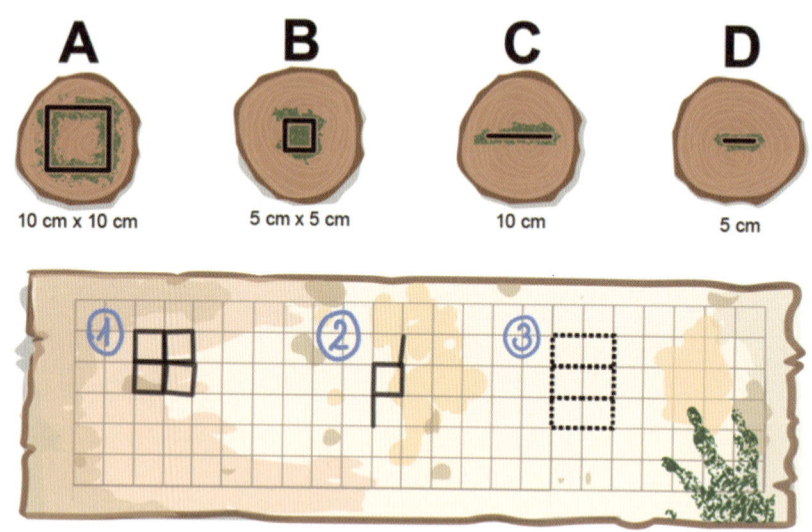

- ①은 B 도장만 이용해 만들 수 있다(B 도장을 네 번 사용한다.).

- ②는 B 도장과 D 도장을 이용해 만들 수 있다(B 도장을 한 번, D 도장을 두 번 사용한다.).

그리고 친구 메리(Mary)의 도움을 받아 ③을 만들려고 한다.

 문제/도전

메리가 어떤 도장만 두 번 사용해서 ③을 만들 수 있다고 한다. 어떤 도장일까?

A) 큰 사각형 도장 B) 작은 사각형 도장 C) 긴 직선 도장 D) 짧은 직선 도장

03 중립 주차

▶▶▶▶▶ 2019-DE-02 Push-Away Parking

독일(Germany)

문제의 배경

다음 그림과 같이 어떤 주차장에 자동차들이 주차되어 있다.

주차 공간 안에 주차시킨 자동차들도 있고, 주차 공간에 넣지 않고 주차 공간 옆에 자동차 변속 기어를 중립(N)으로 놓고 "중립 주차"를 시킨 자동차들도 있다.

자동차 변속 기어를 중립(N)으로 두고 중립 주차를 시키면 그 차를 앞으로 뒤로 밀어 자동차를 이동시킬 수 있기 때문에 주차 공간에 주차시킨 자동차들이 빠져나갈 수 있다.

예를 들어, 아래 그림에서 자동차A는 주차 공간 안에 주차되어 있고 그 뒤에 다른 자동차가 막고 있지 않기 때문에 빠져나갈 수 있다.

자동차L의 뒤에는 중립 주차된 자동차M이 가로막고 있기 때문에 자동차L이 빠져나가기 위해서는 자동차M을 밀어 이동시켜야 한다.

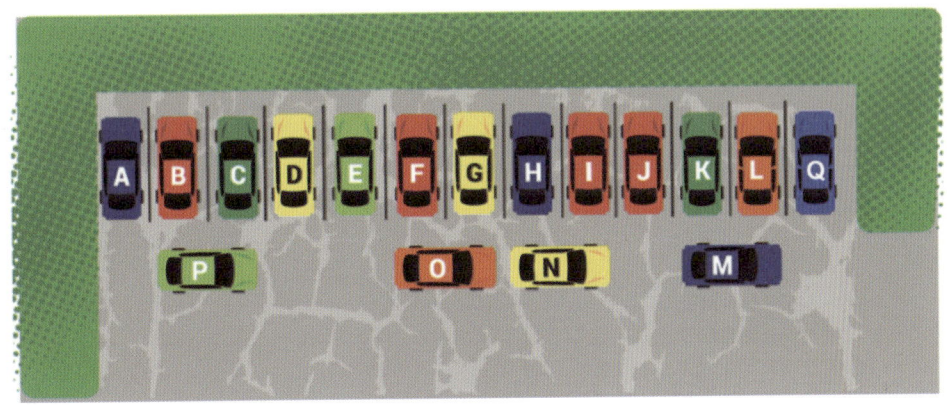

문제/도전

주차장을 빠져나가기 위해서 중립 주차된 자동차를 2대 밀어 옮겨야 하는 자동차는?
(A~Q 중 한 문자만 입력한다.)   (   )

04 랑골리 디자인

▶▶▶▶▶ 2019-IN-09 Rangoli Design

문제의 배경

랑골리(Rangoli) 디자인은 서로 다른 색상의 조각들을 이용해 바닥 무늬를 만들어내는 예술적 작품 중 하나이다.

인두(Indu)는 다음과 같은 3가지 색상 조각을 가지고 있다. 보라색 삼각형 조각 8개, 연두색 사각형 조각 4개, 검정색 삼각형 조각 6개. 같은 색상 조각들은 크기가 모두 같다.

모양	▲	■	▲
개수	8개	4개	6개

인두는 3가지 색상 조각들을 가지고 바닥 무늬를 만들려고 한다.

조각을 회전해서 사용할 수 있으며, 모두 사용하지 않아도 된다.

문제/도전

다음 중 인두가 만들어 낼 수 있는 무늬는?

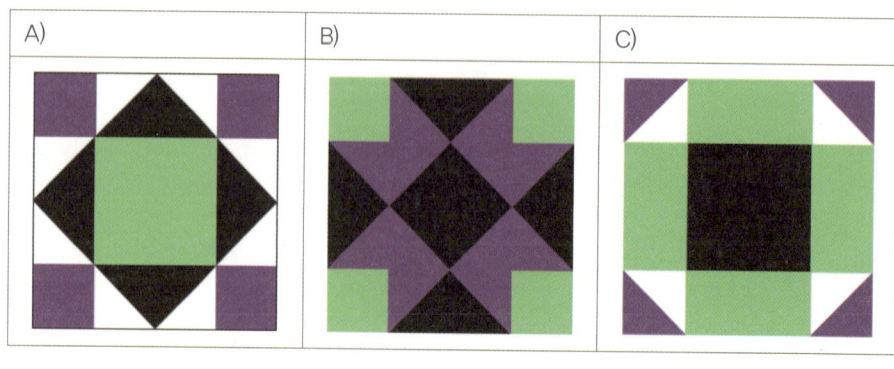

A) A   B) B   C) C   D) A, B, C 모두

05 습지 개미

▶▶▶▶▶ 2019-LT-06 Ants in Swamp

리투아니아(Lithuania)

 문제의 배경

어느 습지에 있는 바위들이 막대기로 연결되어 있다.

A위치에 있는 10마리의 개미들은 먹이가 있는 F위치로 이동하려고 한다.

막대기 1개에는 한 번에 1마리의 개미만 이동할 수 있고, 개미가 그 막대기를 사용해 다른 바위로 옮겨가는 데에는 1분이 걸린다.

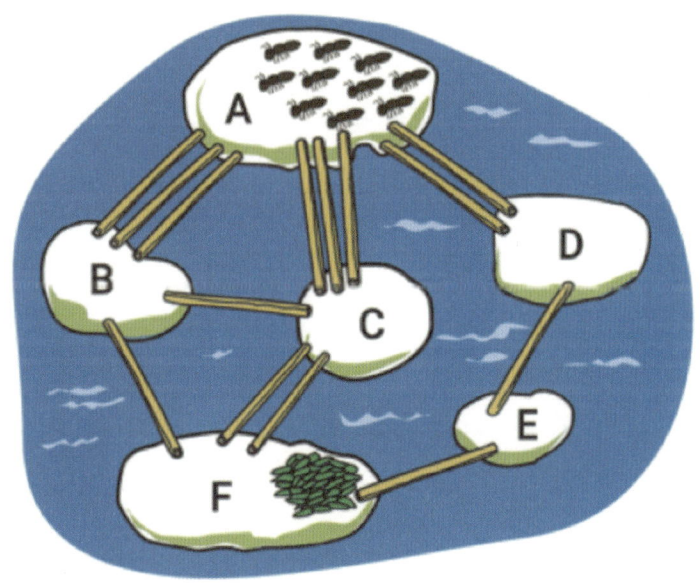

 문제/도전

3분 동안 F위치로 이동시킬 수 있는 개미들은 최대 몇 마리일까?

(0~10 범위의 정수를 입력한다.)   (   )마리

06 디지털 숫자

말레이시아(Malaysia)

▶▶▶▶▶ 2019-MY-02 Digital Number

 문제의 배경

알리나(Alyna)는 LED를 이용해서 숫자들을 표시하고 싶다.

7개의 LED 세그먼트 조각들을 이용해서 숫자들을 나타낼 수 있다.

7개의 LED 세그먼트에는 아래와 같이 각각 A, B, C, D, E, F, G의 이름이 붙어있다.

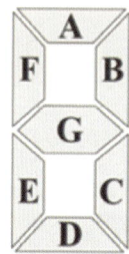

알리나가 원하는 숫자를 표시하기 위해서는 7개의 LED 세그먼트와 대응하는 표를 이용해야 한다.

예를 들어, 3자리 수 103을 표를 이용해 표시하는 방법은 아래와 같다.

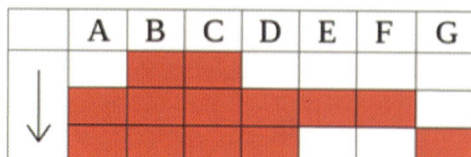 

 문제/도전

다음 표에 의해서 출력되는 LED 모양은?

(오른쪽에 있는 세그먼트 조각을 눌러 LED 모양을 완성시킨다.)

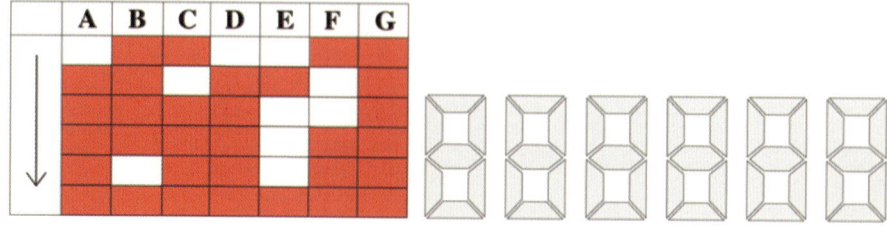

07 분류기

▶▶▶▶▶ 2019-PK-07 Classifier

파키스탄(Pakistan)

문제의 배경

비버 킹(King)은 자기 숲에 있는 모든 동물들에 대한 정보를 가지기를 원한다. 킹은 셀 수 있는 모든 동물들을 자기 성으로 초대했다. 그리고 동물들의 수를 쉽게 세기 위해서 얼굴의 특징들을 이용해 동물들을 구별할 수 있는 분류 기계를 구입했다.

그 분류 기계는 다음과 같은 방법으로 몇 가지 동물들을 구별한다.

특징	토끼	비버	곰	고양이
귀 길이	얼굴 길이의 1/2	얼굴 길이의 1/4	얼굴 길이의 1/4	얼굴 길이의 1/2
콧수염 너비	얼굴 너비	얼굴 너비의 1/2	얼굴 너비의 1/2	얼굴 너비
얼굴 너비	얼굴 길이의 1/2	얼굴 길이의 1/2	얼굴 길이	얼굴 길이

- 참고 : 콧수염 너비는 콧수염의 왼쪽 끝부터 오른쪽 끝까지의 길이이다.
- 모든 길이와 너비는 최대 길이(위-아래)와 최대 너비(왼쪽-오른쪽)를 기준으로 한다.

문제/도전

다음과 같은 얼굴은 어떤 동물로 분류될까?

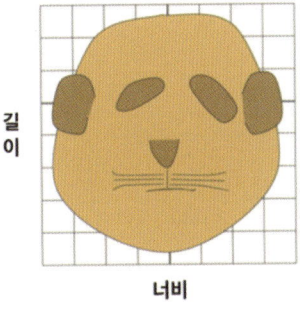

A) 토끼   B) 비버   C) 곰   D) 고양이

08 아픈 비버들

▶▶▶▶▶ 2019-SI-02 Spoiled Beavers

슬로베니아(Slovenia)

 문제의 배경

비버 앤(Ann)은 파티를 위해 음식을 준비 중인데 비버마다 먹으면 아픈 나무들이 있다. 앤은 모든 비버들이 함께 나누어 먹어도 아프지 않을 나무들로 음식을 만들고, 다 함께 즐겁게 나누어 먹고 싶어 한다. 비버 앤은 파티에 오는 모든 비버들과 그 비버들이 먹을 수 있는 나무들을 알고 있다.

비버	먹을 수 있는 나무
앤(Ann)	버드나무, 떡갈나무, 물푸레나무, 단풍나무
벤자민(Benjamin)	버드나무, 떡갈나무, 포플러나무
세실(Cecil)	떡갈나무
데니(Danny)	물푸레나무, 자작나무
엠마(Emma)	버드나무, 단풍나무, 자작나무
프레드(Fred)	떡갈나무, 물푸레나무
조지(George)	포플러나무, 단풍나무

앤은 음식을 만들 때 6가지 나무를 모두 사용하지 않아도 된다.

 문제/도전

파티에 오는 비버들을 위해 음식을 만들 때, 최소 몇 종류의 나무만 사용하면 될까?

A) 1종류   B) 2종류   C) 3종류   D) 4종류   E) 5종류   F) 6종류

09 그리기 로봇

슬로바키아(Slovakia)

▶▶▶▶▶ 2019-SK-04 Drawing triplets

문제의 배경

어떤 로봇이 정사각형 격자 공간을 돌아다니며 선 그림을 그린다.

그 그림은 로봇의 이동을 나타내는 3개의 수로 간단히 표현할 수 있다.

예를 들어, `3,1,5` 는 아래와 같이 3, 1, 5의 과정을 순서대로 무한히 반복해서 그려지는 그림을 의미한다.

`3,1,5` :

- 3 : 앞으로 3칸 이동한 후, 오른쪽으로 회전한다.
- 1 : 앞으로 1칸 이동한 후, 오른쪽으로 회전한다.
- 5 : 앞으로 5칸 이동한 후, 오른쪽으로 회전한다.
- 3, 1, 5 과정을 무한히 반복

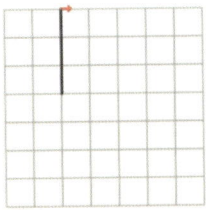 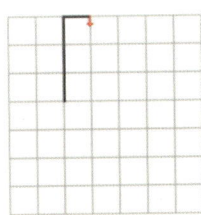 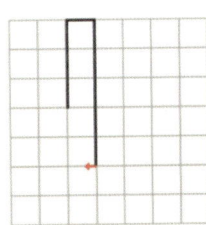 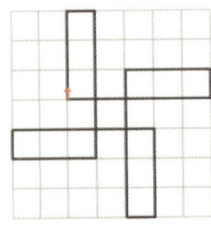

3　　　　　1　　　　　5　　　　`3,1,5`

10 구슬 상자

▶▶▶▶▶ 2019-TW-04 Box of Balls

대만(Taiwan)

문제의 배경

아기 비버는 왼쪽은 막혀있고, 오른쪽만 열려있는 투명한 상자를 가지고 있다.

입구가 오른쪽에만 있기 때문에, 한 번에 1개의 구슬을 오른쪽으로 집어넣고 뺄 수 있다.

그렇기 때문에 ▲을 ♥와 ● 사이에 집어넣으려면,

●을 뺀 다음에 ▲을 집어넣고 그 다음에 ●을 다시 집어넣어야 한다!

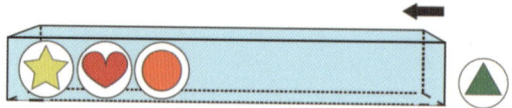

문제/도전

다음과 같이 5개의 구슬이 상자에 들어있고, 2개의 구슬은 밖에 있다.

구슬들을 왼쪽부터 아래와 같은 순서로 만들려면 어떻게 하면 될까?

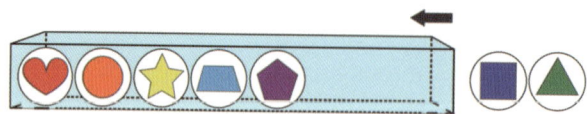

비버챌린지 2019
정답

| 그룹 Ⅰ | 01 워터파크 입장

| 정답 | A) 프레드는 안젤라와 함께 워터파크에 입장할 수 있다.

설명
프레드는 안젤라와 함께 해야만 워터파크에 입장할 수 있다.
프레드는 8살보다 어리고, 안젤라는 11살보다 나이가 많은 12살이기 때문이다.

문제 속의 정보과학
이 문제는 조건/선택 실행구조인 if~ else~를 다루고 있다. 어떤 조건이 주어졌을 때, 그 결과에 따라 다른 작업을 선택하여 실행시킬 수 있다. 이러한 조건/선택 실행구조는 모든 프로그래밍 언어에서 사용할 수 있다. 논리 연산자 AND를 사용하면 2개의 조건을 결합시킬 수 있다. 주어진 문제에서 프레드가 입장하기 위해 확인해야 할 조건은 '프레드의 나이가 8살보다 적은가?'와 '안젤라의 나이가 11살보다 많은가?'이다.
프로그래밍 언어들에는 이러한 조건/선택 실행구조에서 사용할 수 있는 조건식(conditional expression)과 선택적 실행구조를 사용할 수 있는데, 조건식을 평가한 결과 값이 참(true)인가 거짓(false)인가에 따라 나브게 실행된다.

핵심 주제
조건/선택 실행구조(conditionals)

참고 웹사이트
https://en.wikipedia.org/wiki/Conditional_(computer_programming)

| 그룹 I | 02 잔디밭 청소

| 정답 | B)

설명
로봇이 이동하는 경로는 다음 그림과 같다.

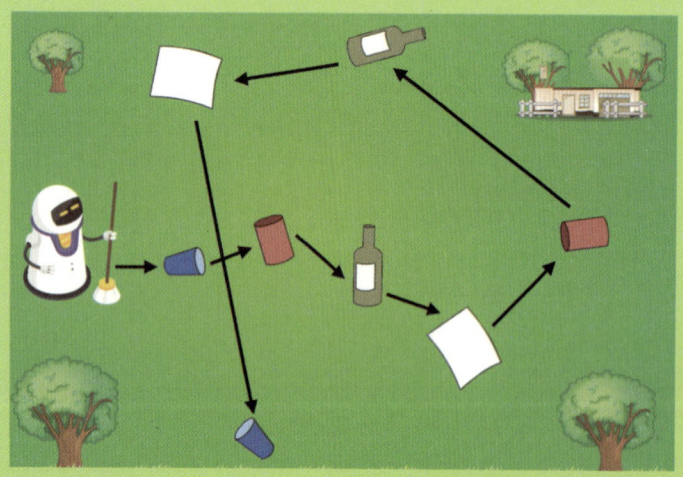

처음에는 가장 가까이에 있는 컵(🥤)으로 이동해서 줍고, 그 위치에서 가장 가까운 곳에 있는 깡통(🥫)으로 이동해서 줍는다. 같은 방법으로 가장 가까이에 있는 쓰레기를 주우며 이동하면 마지막에는 컵(🥤)을 줍는다.

문제 속의 정보과학
일반적으로 로봇의 움직임은 로봇 안에 설치된 컴퓨터 프로그램에 의해서 제어된다. 컴퓨터 프로그램은 컴퓨터가 실행할 수 있는 프로그래밍 언어로 작성된 명령어들로 구성된다. 로봇에는 카메라를 비롯한 센서들이 설치되어 있기 때문에 주변의 물체들을 인식하고, 그 물체들까지의 거리를 계산할 수도 있다. 로봇을 제어하는 프로그램들은 카메라와 센서들로부터 입력되는 정보들을 처리해서 (사람들이 직접 조종하지 않아도) 로봇이 자동으로 움직일 수 있도록 한다.
자율주행 로봇은 쓰레기를 줍는 일뿐만 아니라 위험한 물질이 있는 곳이나 재난 상황과 같은 위험 상황에서 사람이 하기 어려운 작업들을 수행할 수 있다.

핵심 주제
자율주행 로봇(autonomous robot)

참고 웹사이트
https://en.wikipedia.org/wiki/Autonomous_robot

| 그룹 I | 03 FIFO 양말

| 정답 | A)

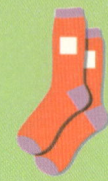

설명

아닐은 수요일에 가장 오른쪽에 있는 빨간 양말부터 신기 시작하기 때문에, 다음 주까지 신게 되는 양말은 아래와 같이 알아낼 수 있다.

요일	이번 주 양말	다음 주 양말
월		파란색(#5)
화		외출하지 않는다.
수	빨간색(#1)	분홍색(#6)
목	노란색(#2)	외출하지 않는다.
금	초록색(#3)	갈색(#7)
토	하늘색(#4)	빨간색(#1)
일	외출하지 않는다.	

문제 속의 정보과학

컴퓨터과학에서 큐(queue)는 먼저 저장된 데이터가 먼저 출력되는 FIFO(First In First Out) 자료구조이다. 큐 자료구조는 학교 식당에 먼저 온 순서대로 줄을 서고, 먼저 온 사람이 먼저 밥을 먹는 것과 같은 줄서기 구조라고 할 수 있다. 식당에 먼저 온 학생이 먼저 줄을 서고, 그 다음에 오는 학생은 가장 마지막에 줄을 선다. 큐는 컴퓨팅 분야에서 매우 자주 사용되는 요소 중 하나이다. 예를 들어, 전송되는 문서들을 출력하는 프린터에서는, 전송된 문서들을 순서대로 저장해 두고 처리하는 프린터 큐가 사용된다. 입력되는 문자들을 순서대로 처리하기 위한 키보드 버퍼(buffer)에도 큐가 사용되고, 컴퓨터가 실행할 작업을 CPU에 할당하는 프로세스 스케줄링(process scheduling) 작업에도 큐가 사용된다.

핵심 주제
큐 자료구조(queue data structure)

참고 웹사이트
https://en.wikipedia.org/wiki/Queue_(abstract_data_type)
https://ko.wikipedia.org/wiki/큐_(자료_구조)

| 그룹 I | 04 스크래치 아트 종이

| **정답** | C)

설명
각각의 그림 모양으로 긁었을 때 나타나는 색은 다음과 같다.

A) B) C) D)

4가지 색   2가지 색   3가지 색   4가지 색

문제 속의 정보과학
뾰족한 물건으로 긁었을 때 나타나는 색의 개수를 알아내기 위해서는 검은색 뒤편에 어떤 색들이 놓여있는지 잘 생각해야 한다.

이미지 편집 소프트웨어를 사용하는 경우, 위에서 아래로 이미지들을 겹쳐 놓은 것과 같은 레이어(layer)를 다루어야 하는 경우가 있다. 각각의 레이어에 있는 이미지들을 하나로 겹쳐 원하는 이미지를 만들어낼 수 있는 것이다.

이미지 편집 소프트웨어들에는 레이어와 관련해서 더 많은 기능이 제공된다. 레이어 순서를 바꾸고, 어떤 레이어를 여러 레이어로 분리시키거나 합칠 수도 있다. 레이어의 투명도를 조절해 겹쳐 보이는 정도를 조절할 수도 있다.

웹페이지는 배경 이미지, 색, 텍스트 등 여러 요소로 구성되어 있다. 이러한 것들을 정확하게 보여주기 위해서는 어떤 것이 배경이고, 어떤 것이 그 위에 보이도록 해야 하는지 정확하게 표현해야 한다.

핵심 주제
이미지 레이어(digital image layer)

참고 웹사이트
https://en.wikipedia.org/wiki/Layers_(digital_image_editing)

| 그룹 I | 05 사탕 가게

| 정답 | C) 클로이(Chloe)

설명

알렉스는 첫 번째 사탕을 가져갈 것이다. 사탕 가게 아저씨는 남아있는 사탕 중에 가장 가까운 사탕을 주기 때문에, 초록색(🟩) 사탕을 가져간다.
밥은 동그란 파란색(🔵) 사탕을 가져갈 것이다. 초록색(🟩) 사탕을 알렉스에게 주고 나면, 남아있는 사탕 중에서 가장 가까이에 남아있기 때문이다.
클로이는 삼각형 모양의 빨간색(🔺) 사탕을 가져갈 것이다.
데보라는 마지막에 남는 별 모양 노란색(⭐) 사탕을 가져가게 된다.

문제 속의 정보과학

주어진 문제에서는 사탕을 줄지어 세워놓았고, 사탕 가게 앞에도 비버들이 줄을 서 있다. 비버들은 사탕을 1개씩 가져가야 하는데, 어떤 규칙이 없다면 어떤 비버가 어떤 사탕을 가져가야 하는지 알지 못한다. 사탕을 가져가는 순서가 명확하게 정해져 있다면, 어떤 비버가 어떤 사탕을 가져가게 되는지 알 수 있다. 문제에서는 남아있는 사탕 중에서 가장 가까이에 있는 사탕을 가져간다는 규칙이 나타나 있다.

컴퓨터과학 분야에서도, 프로그램에 포함시켜 실행시킬 명령어들을 구체적으로 작성해야 하는 것은 매우 중요하다. 문제에서 비버들에게 사탕을 주는 방법은, 컴퓨터과학 분야에서 자주 사용되는 여러 가지 자료구조(data structure)에 저장되어있는 데이터들에 접근하는 방법과 같다.

예를 들어, 가장 먼저 줄을 선 맨 앞 비버가 먼저 사탕을 받는 상황은 큐(queue) 자료구조에서 사용되는 방법이다. 이렇게 먼저 입력된 데이터를 먼저 꺼내 사용하는 형태를 선입선출(FIFO; First In First Out)이라고 부른다.

만약, 사탕을 새로 만들 때마다 사탕 줄의 가장 앞에 가져다 놓고, 같은 방법으로 줄을 서 있는 비버들에게 준다면, 가장 처음에 만든 사탕은 가장 나중에 주게 될 것이다. 이렇게 먼저 입력된 데이터를 가장 나중에 꺼내 사용하는 형태를 후입선출 LIFO(Last In First Out)이라고 부르고, 그렇게 데이터들을 저장하고 꺼내 사용하는 자료구조를 스택(stack) 자료구조라고 한다. 스택은 책을 쌓아두고 가장 위에 놓여있는 책부터 치우는 형태라고 생각할 수도 있다.

자료구조에 저장되어있는 데이터들에 어떤 순서와 방법으로 접근하고 사용할 수 있는지를 이해하는 것은 컴퓨터과학 분야에서 매우 중요한 능력 중 하나이다.

핵심 주제
큐 자료구조(queue data structure), 스택 자료구조(stack data structure)

참고 웹사이트
https://en.wikipedia.org/wiki/Queue_(abstract_data_type)
https://ko.wikipedia.org/wiki/큐_(자료_구조)
https://en.wikipedia.org/wiki/Stack_(abstract_data_type)
https://ko.wikipedia.org/wiki/스택

| 그룹 I | 06 집으로 오는 길

| 정답 | A)

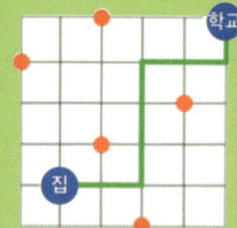

설명

빨간 점이 있는 교차로를 제외하고 학교에서 집까지의 거리를 생각해보면 정확하게 8칸이다. 아래쪽(남쪽)으로 4칸 이동하고, 왼쪽(서쪽)으로 4칸만큼 떨어져 있다. 따라서, C)와 같은 경우는 답이 되지 못한다. 경로를 따라 이동하는 방법은 10칸을 움직여야 하기 때문이다.

빨간 점이 있는 교차로를 지나가면, 시간이 더 걸리게 된다. 따라서 빨간 점이 있는 교차로는 최대한 피해야 한다. 따라서 B)나 D)와 같이 8칸만큼 이동하는 경로는 빨간 점이 있는 교차로를 지나가지 않는 경우보다 좀 더 시간이 걸린다.

A)와 같이 이동하는 방법은 빨간 점이 있는 교차로를 지나지 않으면서도 8칸만큼 이동하는 방법이다. 이렇게 빨간 점이 있는 교차로를 지나지 않으면서 8칸만큼 이동하는 방법은 A) 이외에도 여러 가지 방법이 있다.

문제 속의 정보과학

주어진 문제에서는 어떤 위치에서 다른 위치까지 이동할 수 있는 최단 경로를 다루고 있다. 컴퓨터과학 분야의 그래프에서, 어떤 시작점에서부터 목적지까지 이동할 수 있는 최단 경로를 찾는 문제는 매우 잘 알려져 있는 문제이면서 여러 가지 방법으로 풀 수 있는 문제이다. 이러한 최단 경로를 찾는 방법으로 데이크스트라(Dijkstra) 알고리즘과 벨만-포드(Bellman-Ford) 알고리즘이 유명하다.

주어진 문제에서는 이동할 수 있는 경로상에 놓인 교차로를 그래프의 정점(노드)으로 생각하고, 격자길 한 칸을 그 정점들을 연결하는 방향 간선(링크)으로 생각할 수 있다. 그리고 빨간 점이 있는 교차로를 지날 때, 1분을 더 추가할 수 있다.

구글(Google) 지도와 같은 위치정보 소프트웨어에 포함되어 있는 빠른 길 찾기 알고리즘들은 출발 위치에서부터 도착 위치까지의 최단 경로를 찾기 위해 이동 거리, 교통 상황, 일방통행 도로, 현재 교통 상태 등과 같은 여러 가지 요인들을 고려해 목적지까지의 최단 경로를 찾아준다. 이러한 빠른 길 찾기 소프트웨어들에서는 각각의 경로를 이동할 때의 예상 소요시간과 함께, 현재 위치에서 선택 가능한 다른 대안 경로들을 함께 보여주기도 한다.

핵심 주제
최단 경로 문제(shortest path problem)

참고 웹사이트
https://en.wikipedia.org/wiki/Shortest_path_problem
https://ko.wikipedia.org/wiki/최단_경로_문제

| 그룹 I | 07 숲속의 토끼

| 정답 |

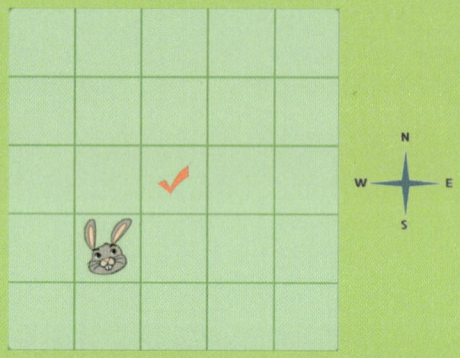

설명
주어진 이동 명령을 따라가면, 다음 그림과 같이 이동하게 된다.

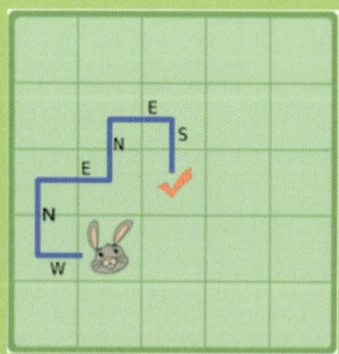

문제 속의 정보과학
이 문제를 해결하기 위해서는 주어진 이동 명령들을 순서대로 따라가며 한 칸씩 이동하면 된다.
문제를 해결하는 과정에서 이동 명령들이 순서대로 실행되는 과정을 정확하게 이해해야 하고 각각의 단계들을 정확하게 따라가야 한다. 어떤 문제를 해결하기 위해 작성된 명령 순서라고 할 수 있는 알고리즘은 컴퓨터 프로그래밍의 핵심 중 하나이다.

핵심 주제
컴퓨터 프로그램(computer program)

참고 웹사이트
https://en.wikipedia.org/wiki/Computer_program

https://ko.wikipedia.org/wiki/컴퓨터_프로그램

| 그룹 II | 01 비버코인

| 정답 |

 = 8+4+1 = 13

설명

 8+4+1 = 13 방법이 최소 동전 개수로 13 만큼 지불할 수 있는 방법이다.

8보다 크고 16보다 적은 금액의 동전이 없고, 금액이 5인 동전이 없기 때문에, 더 적은 개수의 동전으로 13 만큼 지불할 수 있는 다른 방법은 없다. 4×2개+2×1개+1×3개의 방법으로는 동전 6개가 필요하다.

동전의 개수를 최소로 만들려면, 여러 개의 동전으로 만들 수 있는 금액을 1개의 동전으로 바꿔나가는 방법을 사용할 수 있다. 예를 들어, 4×2개의 방법으로 8만큼의 금액을 만들 수 있는데, 그때 그 대신 8×1개 동전으로 바꾸는 것이다.

문제 속의 정보과학

컴퓨터과학자들은 모든 종류의 데이터들을 다른 방법으로 표현하고 저장하는 전문가들이라고 할 수 있다. 여러 가지 수를 다른 방법으로 재표현해서 저장하는 것도 그 중 한 가지이다.

주어진 문제에서는 어떤 금액을 주어진 동전들만 이용해서 똑같은 금액으로 표현하는 것인데, 동전들을 이용해서 어떤 금액을 만들 수 있는 여러 가지 방법이 있을 수 있기 때문에 단순히 동전들을 사용해 어떤 금액을 만들어내는 것과는 다른 문제이다.

따라서, 최소 개수의 동전이라는 조건이 제시되어 있고, 어떤 금액으로 만들었을 때 최소 동전 개수가 유일하도록, 동전들의 금액이 2의 거듭제곱 형태의 금액으로 제시되어 있다. 따라서, 가능한 한 가장 큰 금액의 동전부터 바꿔나가면 최소 개수의 동전이 된다.

주판(Abakus)은 비슷한 원리에 따라 만들어진 것으로서, 다양한 (진법) 수 체계의 수들을 다루는데 수백 년 이상 사용되어 왔다.

핵심 주제
2진수(binary number)

참고 웹사이트
https://en.wikipedia.org/wiki/Binary_number
https://ko.wikipedia.org/wiki/이진법

| 그룹 II | 02 구름 통신

| 정답 | A) 천둥번개   C) 흐림

설명
위에서부터 2번째, 4번째 구름이 큰 구름이기 때문에 B)나 D)와 같은 의미가 될 수 없다. B)와 D)의 2번째, 4번째 구름은 작은 구름이기 때문이다.

문제 속의 정보과학
어떤 기호들을 순서대로 전송할 경우, 그 일부가 사라지거나 바뀌더라도 원래의 의미로 복구시킬 수 있는 방법을 사용하는 것이 좋다. 보내고자 하는 정보와 함께 추가적인(redundant) 정보를 함께 보낸다면, 원래의 정보가 사라지거나 바뀔 경우에 이를 이용해 원래의 정보로 복구할 수 있다.

n개의 오류가 발생했을 때 원래의 순서로 정보를 복구할 수 있는 코드화 방법을 n개 오류 정정 코드(n error correcting code)라고 부른다. 컴퓨터과학 분야에서 이러한 오류 검출 및 정정 방법들은 실시간 음악 데이터를 보내는 것과 같은 상황에서 거의 항상 사용된다. 이러한 오류 검출 및 정정 방법들을 사용하면 일부 데이터가 훼손되더라도 원래의 음악을 들을 수 있게 해준다.

주어진 문제 상황과 같이 2가지 구름을 사용해서 4가지 서로 다른 의미를 만들어내기 위해서는

 과 같이 2개의 구름만 사용해도 가능하다.

5개의 구름을 이용해서 4가지 서로 다른 의미를 나타내면, 정확한 구름 신호를 보냈을 때 수신한 구름 신호에 명확하지 않은 구름이 1개, 2개일 때는 정확하게 원래의 의미를 알아낼 수 있고, 3개인 경우에는 때에 따라서 원래의 의미를 알아낼 수도 있다. 사용한 4가지의 코드가 서로서로 최대 3개 이상의 구름 모양이 다르기 때문이다.

| 천둥번개 | 비 | 흐림 | 맑음 |

예를 들어, 천둥번개 신호에서 구름 1개가 명확하지 않더라도 천둥번개 신호라는 것을 알 수 있고, 비 신호에서 구름 2개가 명확하지 않더라도 비 신호라는 것을 알아낼 수 있다. 흐림 신호에서 위에서부터 순서대로 3개의 구름이 명확하지 않았다면, 그럼에도 불구하고 흐림 신호라고 알아낼 수 있지만, 흐림 신호에서 3개의 작은 구름들이 명확하지 않았다면 천둥번개 신호일 수도 있다.

참고 웹사이트
오류 정정 코드(error correction code)

참고 웹사이트
https://en.wikipedia.org/wiki/Error_correction_code
https://ko.wikipedia.org/wiki/오류_검출_정정

|그룹 II| 03 나의 동물들

| 정답 | C)

설명
도롱뇽( )이 벌레( )를 괴롭힐 수 있기 때문에, C)는 좋은 방법이 아니다.

나머지 A), B), D)는 모두 좋은 방법이다.

문제 속의 정보과학
주어진 문제를 해결하기 위해서는, 괴롭힘을 여러 동물로부터 받을 수 있는 동물을 먼저 골라 확인해 볼 수 있다. 예를 들어 닭( )은 여우( )와 늑대( )에게 괴롭힘을 받을 수 있다. 따라서, 닭부터 먼저 주변에 여우와 늑대가 있는지 먼저 확인한다. 그 다음에는 벌레( ) 주변을 확인하고, 그 다음에는 양( )의 순서로 주변을 확인해 가는 방법을 사용할 수 있다.
이렇게 어떤 조건을 충족하는 방법을 찾아내야 하는 문제를, 컴퓨터과학 분야에서는 제약 충족 문제(constraint satisfaction problem)라고 부른다.

핵심 주제
제약 충족 문제(constraint satisfaction problem)

참고 웹사이트

https://en.wikipedia.org/wiki/Constraint_satisfaction_problem

https://ko.wikipedia.org/wiki/제약_충족_문제

| 그룹 II | 04 생일 케이크

| 정답 | D)

설명

A)는 Happy Birthday 글자의 오른쪽에 오렌지( )가 4개이다.
B)는 Happy Birthday 글자의 왼쪽에 오렌지( )가 4개이다.
C)는 Happy Birthday 글자의 위와 아래에 바나나( )가 1쌍씩 있다.
E)는 Happy Birthday 글자의 아래에 바나나( )가 3쌍이다.
D)는 사각형의 구석에 3개씩 딸기( )가 있고, Happy Birthday 글자의 왼쪽과 오른쪽에 오렌지( )가 3개씩 있으며, Happy Birthday 글자의 위와 아래에 바나나( )가 각각 2쌍씩 있다.

문제 속의 정보과학

케이크 위에 올려져 있는 과일들의 배치는 네하가 원하는 모든 조건을 만족시켜야 한다. 그렇기 때문에 네하가 원하는 케이크를 찾아내려면 케이크에 올려져 있는 과일들의 패턴이 모든 조건들을 만족시키는지 살펴보아야 한다.

주어진 조건을 만족하는 정확한 케이크를 골라내는 과정에서, 적절한 위치에 적절한 개수인지를 확인해야 한다. 이러한 조건들은 어떤 문제에 대한 답이 충족시켜야 하는 요구조건이라고 할 수 있다.

어떤 소프트웨어를 만들기 시작할 때, 사용자들이 원하는 기능 등을 수집하고 분석하게 되는데 이를 사용자 요구사항(requirement)이라고 부른다. 이러한 요구조건들은 소프트웨어를 만들어내기 위한 규칙(rule)이나 기준 역할을 한다.

핵심 주제

요구사항 분석(requirements analysis)

참고 웹사이트

https://en.wikipedia.org/wiki/Requirements_analysis
https://ko.wikipedia.org/wiki/요구사항_분석

| 그룹 II | 05 눈사람 모자

| 정답 |

설명

첫 번째 모자 더미는 두 번째 눈사람 줄과 연결되어야 한다. 가장 위에 있는 모자는 단추가 5개 있는 가장 큰 눈사람이 써야 한다. 아래 그림에서 모자와 눈사람 순서를 확인해 볼 수 있다. 모자에는 눈사람의 단추 개수와 똑같은 점이 그려져 있기도 하다.

두 번째 모자 더미는 세 번째 눈사람 줄과 연결되어야 한다. 모자 더미의 가장 위에 있는 모자는 두 번째로 큰 (단추가 4개 있는) 눈사람이 써야 한다. 다음 그림에서 모자와 눈사람 순서를 확인해 볼 수 있다.

세 번째 모자 더미는 네 번째 눈사람 줄과 연결되어야 한다. 모자 더미의 가장 위에 있는 모자는 세 번째로 큰 (단추가 3개 있는) 눈사람이 써야 한다. 아래 그림에서 모자와 눈사람 순서를 확인해 볼 수 있다.

네 번째 모자 더미는 첫 번째 눈사람 줄과 연결되어야 한다. 모자 더미의 가장 위에 있는 모자는 가장 작은 (단추가 1개 있는) 눈사람이 써야 한다. 아래 그림에서 모자와 눈사람 순서를 확인해 볼 수 있다.

문제 속의 정보과학

주어진 문제에서는 쌓여 있는 모자 더미와 줄 서 있는 눈사람들을 서로 짝을 지어야 한다. 이렇게 어떤 데이터를 다른 데이터와 연결시키거나 바꾸는 것을 매핑(mapping)이라고 한다. 문제에서는 쌓여 있는 모자의 순서와 줄을 서 있는 눈사람들의 순서가 같도록 선을 연결해야 한다.

쌓여 있는 모자는 마치 컴퓨터과학에서 다루어지는 스택(stack) 자료구조와 같다.

스택은 데이터들을 저장하고 논리적으로 다룰 수 있는 추상화된 자료구조(abstract data structure)이다. 추상화 자료구조는 어떤 데이터들을 저장하고, 그 데이터를 가져오는 동작을 추상적인 관점으로 바라보는 것이다. 이러한 추상화 자료구조는 프로그래밍 언어를 이용해 프로그래밍 언어에서 사용되는 데이터와 구조를 이용해 실제로 구현할 수도 있으며, 미리 만들어져 있는 라이브러리로 제공되기도 한다.

스택은 다음과 같은 논리적 동작으로 데이터들을 저장하고 빼낸다. 스택 자료구조의 꼭대기에 새로운 데이터를 넣는 동작을 push라고 하고, 스택 자료구조의 꼭대기에 있는 데이터를 꺼내는 작업을 pop이라고 부른다.

- 스택의 가장 위에 저장되어 있는 데이터를 꺼낼 수 있다. : 데이터를 꺼내는 동작 pop
- 스택의 가장 위에 데이터를 저장해 넣을 수 있다. : 데이터를 저장해 넣는 동작 push

주어진 문제에서 쌓여 있는 모자는 어떤 과정으로 만들어진 것인지 알 수 없다. 가장 위에 모자를 놓고, 그 아래에 다음 모자를 놓은 후, 다시 그 아래에 다른 모자를 놓어 만들 수도 있다. 어떤 데이터들을 순서대로 저장하고 그렇게 저장했던 순서대로 하나씩 꺼낼 수 있는 자료구조를 큐(queue)라고 부른다.

큐는 마치 데이터들을 줄을 세워두고 순서대로 하나씩 꺼내 처리하는 것과 같다. 큐는 다음과 같은 논리적 동작으로 데이터들을 저장하고 빼낸다. 자료구조의 마지막에 데이터를 넣는 동작을 push, 자료구조의 처음에 있는 데이터를 꺼내는 작업을 pop이라고 부를 수 있다.

- 큐의 가장 앞에 가장 먼저 저장되어 있는 데이터를 꺼낼 수 있다.
- 큐의 가장 마지막에 데이터를 저장해 넣을 수 있다.

눈사람들이 줄을 서 있는 상황이 큐라고 생각할 수도 있다. 왜냐하면 가장 왼쪽에 있는 눈사람부터 순서대로 모자를 가져가기 때문이다. 물론 가장 왼쪽에 있는 눈사람이 가장 나중에 끼어들었을 수도 있기는 하다.

핵심 주제
스택(stack), 큐(queue)

참고 웹사이트
https://en.wikipedia.org/wiki/Stack_(abstract_data_type)
https://ko.wikipedia.org/wiki/스택
https://en.wikipedia.org/wiki/Queue_(abstract_data_type)
https://ko.wikipedia.org/wiki/큐_(자료_구조)

| 그룹 Ⅱ | 06 구슬 이동

| 정답 | D) 7번

설명

D) 기둥A의 가장 아래쪽에 파란 구슬이 들어가도록 만들어야 하므로, 기둥A에 있는 2개의 노란 구슬을 기둥C로 먼저 옮겨야 한다(만약, 2개의 노란 구슬을 기둥B로 옮기게 되면, 기둥B에 들어있는 파란 구슬을 꺼낼 수 없게 된다.). 이렇게 기둥A에 있는 2개의 노란 구슬을 기둥C로 옮기려면 구슬을 두 번 옮겨야 한다.

그렇게 만들고 나면, 기둥A의 가장 아래부터 파랑, 노랑, 노랑, 파랑, 빨강 순서로 구슬을 끼워 넣을 수 있게 된다. 구슬을 다섯 번 옮겨야 한다.

따라서, 구슬을 모두 7번 옮겨야 한다.

주어진 문제를 해결하는 다른 방법은, 만들고자 하는 상태에서 거꾸로 구슬을 이동시켜 처음 상태를 만드는 것이다.

빨간색 구슬이 가장 위에 있기 때문에, 그 구슬을 기둥C로 옮겨 처음과 같은 상태로 만든다. 구슬을 한 번 옮기면 된다.

그 다음에 가장 위에 남은 파란색 구슬을 기둥B로 옮겨 처음과 같은 상태로 만든다. 구슬을 한 번 옮기면 된다.

그 다음 노란색 구슬 2개는 기둥A에 있어야 하는데 그 아래에 있는 파란색 구슬을 꺼내야 하므로 노란색 구슬 2개를 기둥C로 옮긴다(만약, 기둥B로 옮기게 되면 파란색 구슬을 연속해서 놓을 수 없게 된다.). 구슬을 두 번 옮기면 된다.

이제, 기둥A에 있는 파란 구슬을 꺼내 기둥B로 옮기고, 기둥C로 옮겨두었던 노란 구슬 2개를 기둥A로 옮긴다. 구슬을 3번 옮기면 된다.

따라서, 구슬을 7번 옮기면 된다.

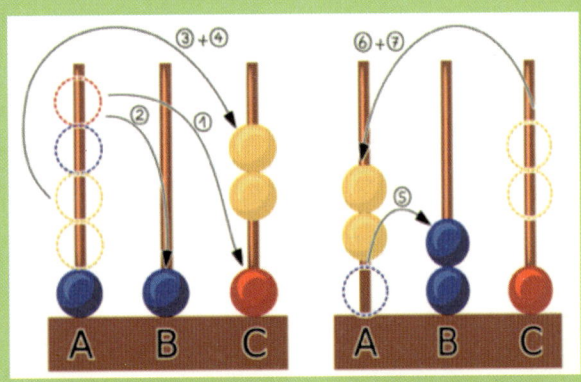

문제 속의 정보과학

주어진 문제에서의 답은 처음 상태와 마지막 상태를 비교하여, 마지막 상태에서 처음 상태로 거꾸로 추적해가는 방법으로 쉽게 알아낼 수 있다.

답을 알아내기 위해, 구슬을 옮길 수 있는 모든 방법들을 직접 해 볼 수도 있다. 이렇게 모든 방법들을 모두 해보는 단순한 방법을 부르트포스(brute force) 방법이라고 부른다. 이러한 부르트포스 전략은 컴퓨터의 빠른 계산 능력을 사용하는 것으로서, 특별한 방법이나 전략을 수행하는 것이라기보다는 가능한 모든 경우의 수를 컴퓨터로 빠르게 계산해 답을 알아내는 방법이다.

또한, 어떤 기둥에 꼽혀 있는 구슬들은 가장 위에 있는 것들부터 꺼낼 수 있다. 이렇게 마지막에 저장한 데이터를 먼저 꺼내는 자료구조(data structure)를 스택(stack)이라고 한다. 이 문제는 3개의 스택(stack)을 이용해 원하는 상태를 만드는 문제라고도 할 수 있다. 또한, 하노이 타워 문제와도 비슷하다.

핵심 주제

스택 자료구조(stack data structure)

참고 웹사이트

https://en.wikipedia.org/wiki/Stack_(abstract_data_type)
https://ko.wikipedia.org/wiki/스택

| 그룹 II | 07 우주여행

| 정답 | B)

설명
만약, 우주비행사 틴이 🚀🛸🚀🛸 의 순서로 이동하게 되면, 해왕성(🔵)에 도착하게 된다. 처음에 로켓(🚀)을 타면 목성(🟠)으로 이동하고, 그 다음에 우주선(🛸)을 타면 다시 해왕성(🔵)으로 돌아간다. 로켓을 타면 목성, 다시 우주선을 타면 해왕성으로 돌아가기 때문에 지구(🌍)로 돌아올 수 없다.

문제 속의 정보과학
주어진 문제는 은행 현금인출기나 자판기와 같은 기계들에서 여러 가지 명령들을 순서대로 처리하는데 적용되는 유한 상태 기계(finite-state machine)라는 컴퓨터과학 개념에 기초를 두고 있다.

문제에서 태양계 지도는 유한 상태 기계의 예라고 생각할 수 있다.

유한 상태 기계에는 다음과 같은 것들이 포함된다.
- 입력 알파벳 문자(로켓 또는 우주선)
- 유한한 개수의 상태(행성들)
- 1개의 초기 상태(여행을 시작하는 처음 행성)
- 유한한 개수의 최종 상태(우주비행사가 도착해야 하는 지구)
- 어떤 상태에서 다른 상태로 변화 가능한 관계(두 행성 사이의 이동 경로)

유한 상태 기계는 어떤 초기 상태에서 시작해서 최종 상태까지 변할 때까지 만들어질 수 있는, 문자열만 받아들일 수 있다. 예를 들어, 유한 상태 기계를 사용하면 사용자가 입력한 (이메일 주소와 같은) 정보가 어떤 규칙에 따라 정확하게 만들어진 것인지 확인하는 알고리즘을 만들 수 있다.

핵심 주제
유한 상태 기계(finite-state machine)

참고 웹사이트

https://en.wikipedia.org/wiki/Finite-state_machine

https://ko.wikipedia.org/wiki/유한상태기계

| 그룹 II | 08 어떤 탑?

| 정답 | C)

설명
처음에 파란색 블록으로 시작하면, 그 위에 다시 파란색 블록을 쌓을 수 있다. 그 다음에 초록색 원기둥 블록을 올릴 수 있고, 초록색 원기둥 다음에는 다시 빨간색 피라미드 블록을 올릴 수 있다.

A) 파란색 블록 위에 주황색 블록이 쌓여 있는데, 파란색 블록 다음에 주황색 블록을 쌓을 수 있다는 규칙이 없기 때문에 만들 수 없다. 화살표는 있지만, 그 방향이 반대이기 때문이다.

B) 초록색 원기둥 블록 위에 똑같은 초록색 원기둥 블록이 쌓여 있기 때문에 만들 수 없다. 초록색 원기둥 블록에는 자기 자신으로 돌아오는 화살표가 없다.

D) 초록색 원기둥 블록 위에 주황색 블록이 쌓여 있지만, 그렇게 쌓을 수 있는 규칙이 없기 때문에 만들 수 없다.

문제 속의 정보과학
주어진 문제에서 블록을 쌓아 탑을 만드는 규칙에 대한 그림은 블록 다이어그램(block diagram)의 한 가지 예시라고 할 수 있다. 화살표는 두 블록 사이의 관계를 정의하는 것으로서, 어떤 블록 위에 어떤 블록을 쌓아 올릴 수 있는지에 대한 순서 관계를 보여주고 있다.

컴퓨터과학 분야에서 이러한 다이어그램들은 여러 가지 목적을 위해 자주 사용된다. 예를 들어, 프로그래밍 언어로 프로그램 코드를 작성할 때의 문법적 규칙을 정의하는 데 사용되거나, 하드웨어/소프트웨어를 설계할 때 그 안에 포함되는 부분들 사이의 관계를 표현할 수 있다. 순서도(flow chart)는 프로그램 실행 과정에서 수행되어야 할 명령들의 실행 순서를 보여줌으로써, 프로그램의 전체적인 구조를 이해하기 쉽게 만들어주는 다이어그램이다.

다이어그램은 어떤 기능이 정확하게 만들어져 실행되고 있는가를 확인하기 위해서도 사용될 수 있다. 주어진 문제에서는 규칙에 따라 정확하게 만들어진 탑을 찾아야 하는데, 이는 마치 만들어진 프로그램이 정확하게 작동하는지 테스트하는 것과 비슷하다.

핵심 주제
방향 그래프(directed graph)

참고 웹사이트
https://en.wikipedia.org/wiki/Directed_graph
https://ko.wikipedia.org/wiki/유향_그래프

그룹 III (초등학교 5~6학년용)

| 그룹 III | 01 케이크와 이웃들

| 정답 | B) 베티의 케이크는 클라라의 케이크보다 적어도 1cm 이상 낮다.

설명

A)는 답이 될 수 없다. 만약, 안나가 주문 변경 전화를 모두 하고 난 다음에, 베티가 주문 변경 전화를 했다면 안나의 케이크 높이는 3cm, 베티의 케이크 높이는 4cm가 될 것이다. 따라서 D)도 답이 될 수 없다.

C)는 답이 될 수 없다. 클라라가 주문 변경 전화를 모두 하고 난 다음에, 베티가 주문 변경 전화를 모두 하고, 그 다음에 다시 안나가 주문 변경 전화를 했다면, 클라라의 케이크는 5cm, 베티와 안나의 케이크는 4cm가 될 것이다.

베티의 주문 변경 전화들만 살펴보면, 처음에는 3cm, 그 다음에는 5cm, 마지막에는 4cm가 된다는 것을 알 수 있는데, 그 상황에 따라서 안나의 케이크 높이도 3cm/4cm/5cm가 될 수 있다. 그렇기 때문에 다시 클라라의 케이크 높이도 5cm/6cm/7cm가 될 수 있다. 어떤 순서라고 하더라도 베티의 케이크는 항상 4cm가 된다. 따라서, B)가 답이 된다.

문제 속의 정보과학

컴퓨터는 여러 개의 작업을 거의 동시에 실행할 수 있다. 심지어 어떤 응용프로그램이 실행되고 있는 동안에도 다른 작업들이 거의 동시에 실행된다고 할 수 있다. 예를 들어, 워드프로세서 프로그램으로 문서를 작성하기 위해 글자들을 타이핑하는 동안에 맞춤법 검사 작업이 거의 동시에 함께 이루어진다.

주어진 문제에서는 여러 개의 다른 작업들이 거의 동시에 실행될 때, 어떤 결과로 나타날지 예측하는 것이 그렇게 쉽지만은 않다는 것을 이야기하고 있다. 여러 개의 작업들이 거의 동시에 실행되는 도중에는 때때로 어떤 작업이 어떻게 실행될지 정확히 예측하기 힘들기 때문이다.

거의 동시에 여러 개의 작업들이 실행될 때, 각각의 작업들이 일관성이 유지되도록 제어하며 프로그램을 작성하는 것을 병행 제어 프로그래밍(concurrent programming)이라고 부른다. 프로그래머들은 이러한 병행 제어 프로그래밍과 관련된 문제들에 대해서 알고 있어야 하며, 어떤 작업들은 정확한 순서로 실행되도록 해야 한다. 예를 들어, 네트워크로 연결된 프린터를 위한 소프트웨어를 만드는 프로그래머들은, 서로 다른 컴퓨터에서 거의 동시에 전송된 인쇄 문서들이 각각 따로 따로 하나씩 순서대로 모두 정확하게 인쇄되도록 해야 한다. 프린터를 제어하는 프로그램은 각각의 페이지가 서로 아무렇게 뒤섞이거나, 출력할 내용들이 이리 저리 섞이지 않도록 해야 한다.

요즘의 컴퓨터는 거의 동시에 아주 많은 작업들을 실행할 수 있도록 만들어져있고, 여러 개의 작업들을 정확하게 실행시키는 것과 관련한 병행 제어 프로그래밍도 적용되어 있기 때문에 컴퓨터과학 교육내용에서 점점 더 중요하게 다루어지고 있다.

핵심 주제
병행 제어(concurrency control)

참고 웹사이트
https://en.wikipedia.org/wiki/Concurrency_(computer_science)
https://en.wikipedia.org/wiki/Concurrent_computing
https://en.wikipedia.org/wiki/Concurrency_control

| 그룹Ⅲ | 02 비버 도장

| 정답 | A) 큰 사각형 도장

설명
메리는 10cm×10cm 크기의 사각형이 찍히는 A 스탬프 를 두 번 사용해서 만들 수 있다. 먼저, ③번 모양의 윗부분 사각형을 찍고, 반을 겹쳐 아랫부분 사각형을 찍는다. 아래 그림에서 녹색 동그라미 부분은 도장이 겹쳐 찍히는 부분이다.

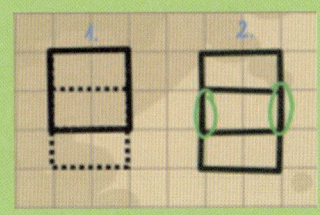

문제 속의 정보과학
③번 모양은 짧은 직선 도장 ━ 을 여러 번 찍어 만들 수도 있다. 어떤 작업을 할 때, 똑같은 결과를 만들어낼 수 있는 다른 방법들이 있을 수 있다. 그런 방법 중에서 어떤 방법들은 다른 방법들보다 매우 쉬운 경우들이 있다. 하지만, 대부분의 경우 그런 방법들이 항상 편리한 것만은 아니다. 왜냐하면, 처리 단계, 횟수, 비용들이 다를 수 있기 때문이다. 주어진 문제와 같이 필요한 스탬프의 개수가 다르거나, 어떤 방법을 실행하기 위해 필요한 시간이 다를 수 있다. 컴퓨터의 경우 한 번 처리할 때의 비용이 다를 수 있고, 하드웨어적으로 불가능하거나, 특별한 방법이 필요할 수도 있다. 컴퓨터과학 분야의 핵심 중 하나는 가능한 여러 가지 방법 중에서 가장 효과적인 최적의 방법을 찾는 것이라고 할 수도 있다.

핵심 주제
최적화 문제(optimization problem)

참고 웹사이트
https://en.wikipedia.org/wiki/Optimization_problem

| 그룹 III | 03 중립 주차

| 정답 | I

설명
자동차I는 자동차N에 의해 막혀있다. 하지만, 자동차N만 밀어서는 자동차I가 빠져나갈 수 없다. 따라서 먼저 자동차O를 왼쪽으로 더 밀거나, 자동차M을 오른쪽으로 더 밀어야 한다. 그렇게 밀어 공간을 확보한 후, 자동차N을 밀면 자동차I가 빠져나갈 수 있다.

자동차 2대를 밀고 빠져나가야 하는 자동차는 자동차I 이외에는 없다.

A, D, E, J, Q는 바로 나갈 수 있고,

B, C, F, G, H, K, L은 P, O, N, M 자동차를 한 번만 밀고 빠져나갈 수 있다.

문제 속의 정보과학
이 문제는 다음 내용과 관련이 있다.

1) 전체탐색 알고리즘 : 모든 차들에 대해서 "다른 차량 2개를 밀어야만 빠져나갈 수 있는가?"라는 조건을 확인해보는 (부르트포스) 전체탐색 :

   https://en.wikipedia.org/wiki/Brute-force_search

2) 자동주차 알고리즘 : 자동주차 기능이 계속해서 더 많은 자동차들에 장착되어가고 있다. :

   https://en.wikipedia.org/wiki/Automatic_parking

핵심 주제
전체탐색(brute-force search)

참고 웹사이트
https://en.wikipedia.org/wiki/Brute-force_search

| 그룹 Ⅲ | 04 랑골리 디자인

| 정답 | A) A

설명

인두가 가지고 있는 색상 조각들에 대해서 알고 있기 때문에, 주어진 바닥 무늬에서 그 조각들을 찾고 그 개수들을 세어볼 수 있다. 다음 그림은 무늬 A를 색상 조각들로 구분해 나누어 보여주는 1가지 예시이다. 색상 조각들에는 누적 개수가 쓰여 있다.

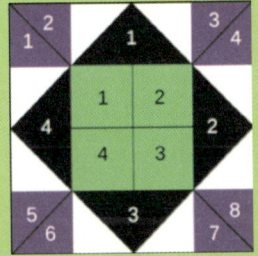

아래 표에는 각 바닥 무늬를 만들기 위해서 필요한 색상 조각들의 개수가 작성되어 있다. 가장 오른쪽 칸에는 인두가 만들어 낼 수 있는지가 쓰여 있다.

디자인	필요한 각 색상 조각의 개수	인두가 만들어 낼 수 있을까?
A	보라색 8개 연두색 4개 검정색 4개	그렇다. 색상 조각들이 충분하다.
B	보라색 12개 연두색 4개 검정색 6개	아니다. 보라색 조각이 8개뿐이다.
C	보라색 4개 연두색 8개 검정색 4개	아니다. 연두색 조각이 4개뿐이다.

따라서, 무늬 A만 만들 수 있다.

문제 속의 정보과학

이 문제를 해결하기 위해서는 각 바닥 무늬에 포함되어 있는 색상 조각들을 찾아내고, 각각의 색상 조각 개수를 확인해야 한다.

이 문제는 분해(decomposition), 패턴 매칭(pattern matching)과 관련되어 있다.

컴퓨팅 분야에서 패턴 매칭은 매우 중요하다. 어떤 문서 안에서, 어떤 파일 안에서, 인터넷에서 어떤 단어를 찾을 때와 같이 다양한 상황에서 패턴 매칭 작업이 이루어진다.

핵심 주제

패턴 매칭(pattern matching)

참고 웹사이트

https://en.wikipedia.org/wiki/Pattern_matching
https://ko.wikipedia.org/wiki/패턴_매칭

| 그룹Ⅲ | 05 습지 개미

| 정답 | 7마리

설명
다음과 같은 방법으로 7마리를 보낼 수 있다.

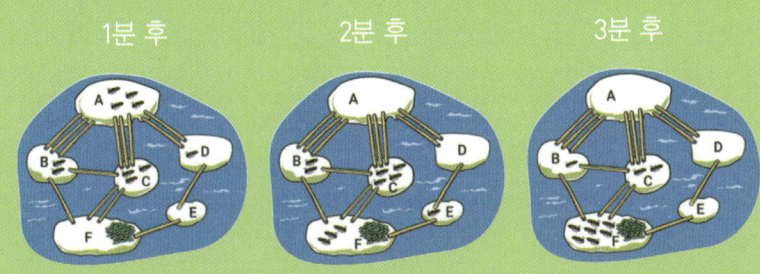

다른 어떤 방법을 사용하더라도, 3분 동안에 최대 7마리까지만 보낼 수 있다.
아래와 같은 방법으로도 최대 7마리를 보낼 수 있다.

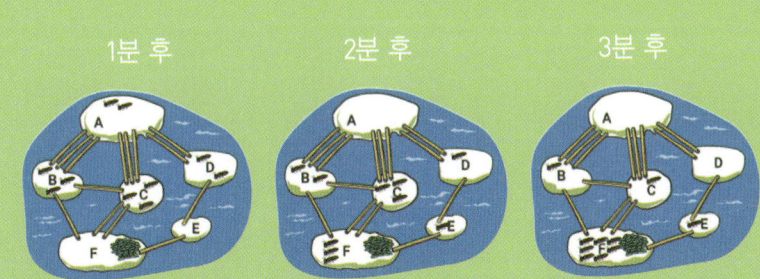

문제 속의 정보과학
이 문제는 3분 동안 바위와 막대기로 구성된 네트워크를 통해 최대한 많은 개미들을 목적지로 이동시켜야 하는 최적화 문제(optimization problem)라고 할 수 있다.
네트워크 안에 있는 개미들은 네트워크가 어떤 구조로 되어 있는지 알 수 없기 때문에 최적 해법을 찾아낼 수 없다. 하지만, 개미들을 관찰하는 입장에서는 네트워크의 구조를 알 수 있기 때문에 최적의 전략을 찾아낼 수 있다.

이 문제에서는 개미들이 네트워크의 구조를 알고 있다고 가정했기 때문에 이동경로를 나누어 선택할 수 있다고 생각한 것이다.

그래프(graph)는 네트워크들을 모델링하는 데 사용되는 추상 데이터 구조(abstract data structure)로서 어떤 상황에서 네트워크 안에서의 흐름을 최적화하는 여러 가지 알고리즘들이 있다.

하지만, 기존의 알고리즘들을 사용하지 않고도 다음과 같이 생각할 수 있다.

- D→E 경로를 사용해서 3분 동안 이동시킬 수 있는 개미는 최대 1마리 이하이다.
- A→B 경로를 사용해서 3분 동안 이동시킬 수 있는 개미는 최대 2마리 이하이다.
- B→C 경로를 사용하는 방법은 A→C 경로를 사용하는 방법과 다르지 않기 때문에 고려하지 않아도 된다.
- 네트워크 흐름에 결정적인 영향을 미치는 막대기는 B→F와 C→F이다.

이와 같은 상황들을 고려하면, 최적(최대)의 해법을 찾아낼 수 있다.

핵심 주제
네트워크 플로우(network flow), 최대 흐름 문제(maximum flow problem)

참고 웹사이트
https://en.wikipedia.org/wiki/Flow_network
https://ko.wikipedia.org/wiki/네트워크_흐름
https://en.wikipedia.org/wiki/Maximum_flow_problem

| 그룹 Ⅲ | 06 디지털 숫자

| 정답 |

423958

설명
문제에서 설명하고 있는 예시를 살펴보면, 표에서 한 줄은 숫자 하나를 나타낸다는 것을 알 수 있다.
따라서, 문제에서 첫 번째 줄에 선택된 B, C, F, G는 숫자 4를 의미하고, 두 번째 줄에 선택된 A, B, D, E, G는 숫자 2를 의미한다. 같은 방법으로 계속 숫자로 바꾸어 나가면, 문제에서 주어진 표는 423958을 나타낸다는 것을 알 수 있다.

문제 속의 정보과학
주이진 문제에서는 숫자로 된 LED를 6*7 크기의 표 형태로 재표현(representation)하고 있다. 이와 같이 어떤 규칙과 방법을 이용해 어떤 정보를 다른 형태로 코드화하는 것을 인코딩이라고 하며, 컴퓨터과학 분야에서 매우 일반적으로 사용된다.
문제에서는 각 자리의 숫자들을 빨간색과 흰색 값만을 가질 수 있는 7개의 셀을 한 줄씩 나열해서 표현했다. 이런 방식은 LED와 결합된 7-세그먼트 디스플레이와 같은 표현방법이라 할 수 있다.
7-세그먼트 디스플레이는 7개의 세그먼트 조각(ABCDEFG)에 1 또는 0의 값을 순서대로 출력한다. 0은 세그먼트 조각을 끄고(off), 1은 세그먼트 조각에 불을 켜는(on) 것이라고 한다면, 숫자 '4'를 7-세그먼트로 출력하는 방법은 0110011로 표현할 수 있다.

핵심 주제
인코딩(encoding), 디지털 데이터(digital data), 7-세그먼트(7-segment)

참고 웹사이트
https://en.wikipedia.org/wiki/Code
https://ko.wikipedia.org/wiki/부호화
https://en.wikipedia.org/wiki/Digital_data

https://ko.wikipedia.org/wiki/디지털
https://en.wikipedia.org/wiki/Seven-segment_display
https://ko.wikipedia.org/wiki/7세그먼트_표시_장치

| 그룹 III | **07 분류기**

| 정답 | C) 곰

설명
얼굴의 모습은 곰의 특징을 가지고 있다. 분류 기계에 의해서 다음과 같이 판단된다.
- 얼굴의 너비가 얼굴의 길이와 비슷하다.
- 콧수염의 너비가 얼굴 너비의 1/2 정도 된다.
- 귀의 길이가 얼굴 길이의 1/4 정도 된다.

C)를 제외하고 위와 같은 조건들을 모두 만족하는 다른 동물은 없다.

문제 속의 정보과학
이 문제는 이미지 인식을 위해 기계 학습(머신 러닝, 인공 지능)을 사용하는 전형적인 예시이다.

기계 학습은 컴퓨터과학 분야에서 매우 중요한 분야 중 하나이다. 컴퓨팅 파워가 점점 더 발전함에 따라 기계 학습이 더 많은 분야에서 활발하게 적용되고 있다. 최근에 기계 학습이 가장 활발히 적용되고 있는 분야는 자동차 자율 주행(autonomous driving) 분야로, 도로의 차선과 신호들을 인식하는 것뿐만 아니라 이동 중인 차량에서 충돌 가능한 물체들을 인식하는 데 사용될 수도 있다.

주어진 문제에서는 이미 여러 가지 동물들의 특성에 대해 머신 러닝으로 학습된 분류 기계를 가지고 있다고 가정하였다. 그렇게 학습된 인공 지능의 관점에서 동물의 얼굴을 분석하고 분류하는 알고리즘을 적용해보는 문제이다.

핵심 주제
기계 학습(machine learning), 자율주행자동차(autonomous car)

참고 웹사이트
https://en.wikipedia.org/wiki/Machine_learning
https://ko.wikipedia.org/wiki/기계_학습
https://en.wikipedia.org/wiki/Self-driving_car
https://ko.wikipedia.org/wiki/무인_자동차

| 그룹 III | 08 아픈 비버들

| 정답 | C) 3종류

설명
세실을 위해서 떡갈나무는 반드시 필요하다. 떡갈나무는 앤, 벤자민, 프레드도 먹을 수 있다. 이제 나머지 데니, 엠마, 조지가 먹을 수 있는 음식들을 살펴보면, 최소 2종류의 나무가 더 필요하다는 것을 알 수 있다. 물푸레나무+단풍나무, 자작나무+포플러나무, 자작나무+단풍나무 중 1가지 방법을 사용하면 데니, 엠마, 조지가 모두 먹을 수 있다.

문제 속의 정보과학
이 문제는 이분 그래프(bipartite graph)의 간단한 예라고 할 수 있다.
아래 그림에서 왼쪽은 비버들이고, 오른쪽은 나무들이다.

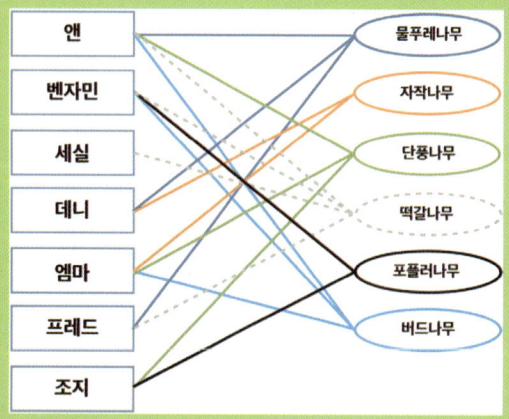

이 문제는 비버들을 철도역으로 생각하고 나무들의 종류를 철도 노선으로 생각했을 때, 모든 철도역을 적어도 1번 이상 정차하도록 하기 위해 필요한 철도 노선의 최소 개수를 구하는 문제와 같다.
또한, 이 문제는 전체 세트 커버(dominating set cover) 문제라고도 알려져 있다. 6종류의 나무들이 서로 다른 6개의 집합이라고 생각하고, 각 집합에는 그 나무를 먹을 수 있는 비버들이 원소로 들어있다고 생각할 수 있다. 주어진 문제에서는 최대한 적은 개수의 집합으로 모든 비버들이 적어도 1번 이상씩 포함되도록 할 수 있는 방법을 찾아야 하는 것이다. 다시 말자하면, 이 문제는 전체 원소들이 모두 포함될 수 있는 최소 개수의 집합을 찾는 문제이다.

집합과 관련하여 비버들과 나무들을 표현했지만, 이 외의 다양한 작업들도 집합과 관련한 문제로 거의 동일하게 바꿀 수 있다.

컴퓨터과학 분야에서 세트 커버 문제는, NP-complete라고 분류되는 매우 어려운 문제 중 하나이다. 이러한 문제를 해결할 수 있는 효율적인 알고리즘은 아직 알려져 있지 않기 때문에, 답을 알아내기 위해서는 모든 경우에 대해서 다 조사해 보아야 한다. 하지만, 집합의 개수가 조금만 더 늘어나도 그 집합들을 선택적으로 고를 수 있는 경우의 수가 매우 커진다. 예를 들어, 주어진 문제에서 나무의 종류가 240개였다면, 나무의 종류를 선택적으로 고를 수 있는 경우의 수는 이 우주에 있는 모든 원자들의 개수 정도만큼이나 늘어나게 된다. 운이 좋게도 주어진 문제에서는 생각해보아야 할 집합의 개수(나무들의 종류)가 아주 적었고, 세실이 한 종류의 나무만 먹을 수 있기 때문에 쉽게 문제를 해결할 수 있다.

핵심 주제
세트 커버 문제(set cover problem)

참고 웹사이트
https://en.wikipedia.org/wiki/Set_cover_problem

| 그룹 III | 09 그리기 로봇

| 정답 |

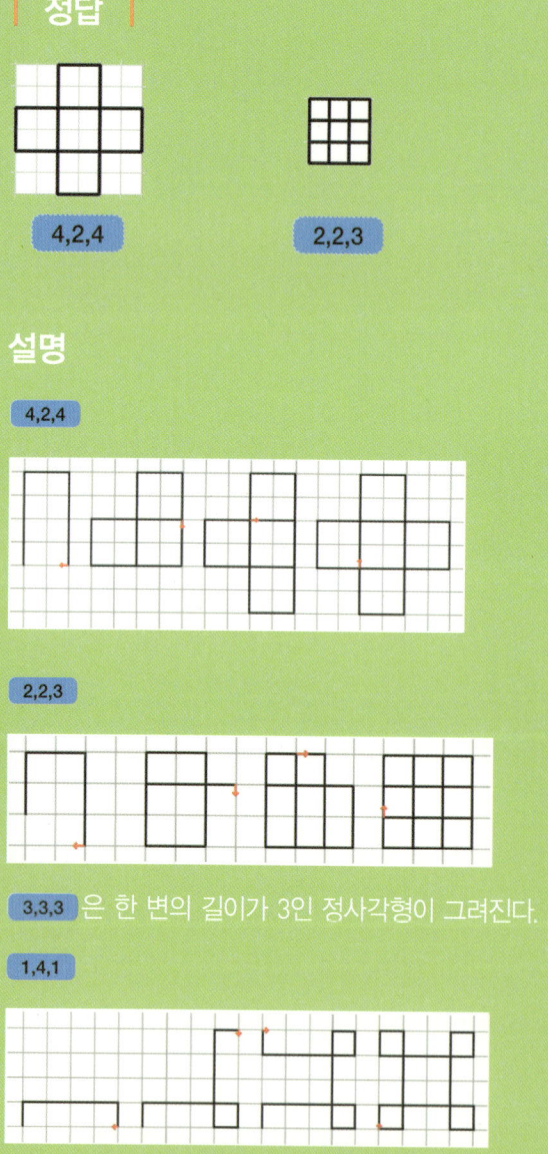

설명

3,3,3 은 한 변의 길이가 3인 정사각형이 그려진다.

문제 속의 정보과학

컴퓨터 프로그램은 컴퓨터가 실행해야 하는 명령어들의 순서라고 할 수 있다.
프로그램의 명령어들은 컴퓨터가 수행해야 하는 구체적인 작동과정과 방법을 설명한 것이라고 할 수 있다. 따라서 프로그램의 명령어 차이는 그 프로그램의 실행 결과의 차이로 이어진다.

프로그램의 실행과 그 결과를 확인하는 과정에서는 주어진 명령 순서대로 실행되는 과정을 정확하게 이해해야 하고, 각각의 단계들을 정확하게 따라가야 한다. 이렇게 어떤 문제를 해결하기 위해 작성된 알고리즘은 컴퓨터 프로그래밍에서 중요한 핵심 중 하나이다.

프로그램의 오류(error)를 찾아내는 디버깅(debugging) 과정에서는 작성된 코드를 한 단계씩 따라가며 프로그램이 정확하게 실행되고 있는지 꼼꼼하게 확인하는 능력이 매우 중요하다.

핵심 주제
컴퓨터 프로그램(computer program)

참고 웹사이트
https://en.wikipedia.org/wiki/Computer_program

https://ko.wikipedia.org/wiki/컴퓨터_프로그램

| 그룹 III | 10 구슬 상자

| 정답 | A) 빼기 ⬟ → 빼기 ⬓ → 넣기 ▲ → 넣기 ⬓ → 넣기 ■ → 넣기 ⬠

설명
A)의 방법으로 구슬을 빼고 넣으면, 원하는 순서로 만들 수 있다.
B)의 방법으로 구슬을 빼고 넣으면, ♥, ●, ★, ▲, ■, ⬓, ⬠ 순서가 된다.
C)의 방법으로 구슬을 빼고 넣으면, ♥, ●, ★, ⬓, ▲, ■, ⬠ 순서가 된다.
D)의 방법으로 구슬을 빼고 넣으면, ♥, ●, ★, ⬠, ⬟, ⬓, ▲ 순서가 된다.

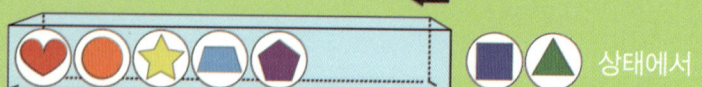 상태에서

♥●★▲■⬓⬠ 순서로 만들어야 하는데, 가장 왼쪽에 있는 3개의 구슬은 순서가 같기 때문에, 가장 왼쪽에 있는 ♥●★ 구슬들은 빼낼 필요가 없다. 그 다음 순서인 ▲ 구슬은 밖에 있기 때문에 ⬓■ 구슬들을 먼저 빼내야 한다. 그 다음에 ▲ 구슬을 집어넣고, ⬓■⬠ 구슬들을 순서대로 집어넣으면 된다.

문제 속의 정보과학

주어진 문제는 컴퓨터과학 분야에서 다루어지는 간단한 자료구조(data structure)인 스택(stack)과 관련이 있다. 스택은 데이터를 순서대로 쌓아두는 형태의 선형(linear) 자료구조이다. 문제에서 투명 상자의 오른쪽에만 구멍이 뚫려있기 때문에, 나중에 넣은 구슬을 먼저 빼면서 구슬들의 순서를 맞추는 작업을 해야 한다. 이렇게 가장 마지막으로 저장한 데이터를 먼저 빼내는 형태를 LIFO(Last In First Out)라고 표현하기도 한다. 일상생활 속에서 어떤 책 위에 다른 책들을 쌓아두는 형태가 바로 스택이라고 할 수 있다. 예를 들어, 어떤 상자 안에 책을 쌓아 넣었는데 아래쪽에 있는 책을 꺼내려면 그 위에 있는 책들을 모두 하나씩 빼내야 한다. 문제에서도 투명한 상자 안에 들어있는 어떤 공을 꺼내려면, 그 공이 나올 때까지 공을 계속 빼내야 한다.

컴퓨터과학 분야에서 스택은 1+2-3과 같이 연산자가 가운데에 있는 중위표현(infix) 수식을, 12+3- 와 같은 후위표현(postfix) 수식으로 바꾸는 데에도 편리하게 사용된다. 이러한 후위표현 수식은 컴퓨터를 통해 실행시키는 것이 매우 쉽다.

핵심 주제
스택 자료구조(stack data structure)

참고 웹사이트
https://en.wikipedia.org/wiki/Stack_(abstract_data_type)
https://ko.wikipedia.org/wiki/스택

비버챌린지 공식 교재 안내

[책 소개]
Bebras Korea가 직접 집필한 Bebras Challenge 공식 교재이다. 비버챌린지 문제를 통해 컴퓨팅 사고력을 기르고, 소프트웨어와 정보과학을 재미있고 의미있게 학습할 수 있다.

[이 책이 필요한 사람]
첫째, 컴퓨팅 사고력을 기르고 싶은 사람
둘째, 비버챌린지 참가자

◀ 비버챌린지 Ⅰ
Bebras Korea 지음 / 정가 15,000원

비버챌린지 Ⅱ ▶
: 비버챌린지로 배우는 소프트웨어(초등학생용)
Bebras Korea 지음 / 정가 15,000원

◀ 비버챌린지 Ⅱ
: 비버챌린지로 배우는 정보과학(중학생용)
Bebras Korea 지음 / 정가 15,000원

비버챌린지 Ⅱ ▶
: 비버챌린지로 배우는 정보과학(고등학생용)
Bebras Korea 지음 / 정가 15,000원

◀ 비버챌린지

2019년도 기출문제집(초등학생용)

Bebras Korea 지음 / 정가 10,000원

비버챌린지 ▶

2019년도 기출문제집(중·고등학생용)

Bebras Korea 지음 / 정가 10,000원

◀ 비버챌린지

2018년도 기출문제집(초등학생용)

Bebras Korea 지음 / 정가 8,000원

비버챌린지 ▶

2018년도 기출문제집(고등학생용)

Bebras Korea 지음 / 정가 10,000원

◀ 비버챌린지

2017년도 기출문제집(초등학교 3~4학년용)

Bebras Korea 지음 / 정가 6,000원

비버챌린지 ▶

2017년도 기출문제집(초등학교 5~6학년용)

Bebras Korea 지음 / 정가 7,000원

◀ 비버챌린지

2017년도 기출문제집(중학생용)

Bebras Korea 지음 / 정가 8,000원

비버챌린지 ▶

2017년도 기출문제집(고등학생용)

Bebras Korea 지음 / 정가 8,000원